元宇宙

开启虚实共生的数字平行世界

黄安明　晏少峰　著

中国经济出版社
CHINA ECONOMIC PUBLISHING HOUSE
北京

图书在版编目（CIP）数据

元宇宙：开启虚实共生的数字平行世界 / 黄安明，晏少锋著 . —北京：中国经济出版社，2022.1

ISBN 978-7-5136-6746-3

Ⅰ.①元… Ⅱ.①黄…②晏… Ⅲ.①信息经济 Ⅳ.① F49

中国版本图书馆 CIP 数据核字（2021）第 242371 号

责任编辑	张梦初
责任印制	巢新强
封面设计	卓义云天

出版发行	中国经济出版社
印 刷 者	北京艾普海德印刷有限公司
经 销 者	各地新华书店
开 本	710mm×1000mm　1/16
印 张	15.75
字 数	200 千字
版 次	2022 年 1 月第 1 版
印 次	2022 年 1 月第 1 次
定 价	68.00 元

广告经营许可证 京西工商广字第 8179 号

中国经济出版社 网址 www.economyph.com 社址 北京市东城区安定门外大街58号 邮编 100011

本版图书如存在印装质量问题，请与本社销售中心联系调换（联系电话：010-57512564）

版权所有 盗版必究（举报电话：010-57512600）
国家版权局反盗版举报中心（举报电话：12390）　　服务热线：010-57512564

Preface | 前 言

2021年,"元宇宙"概念引爆全球科技圈,引起了无数科技巨头、资本方与创业者的关注。"元宇宙"一词最早出现的时间甚至可以追溯至移动互联网到来之前。1992年,科幻作家尼尔·斯蒂芬森(Neal Stephenson)在其创作的小说《雪崩》(Snow Crash)中描述了一个名为"元宇宙"(Metaverse)的多人在线虚拟世界,用户在其中以"化身"(Avatar)的形式参与活动。

对"元宇宙"(Metaverse)的认知也可以基于对词汇的分析。Metaverse由"Meta"和"Verse"两个词根组成,"Meta"可译为元或超越,"Verse"由Universe演化而来,意为宇宙。元宇宙,即借助虚拟现实、增强现实等数字技术搭建的虚拟时空的合集。在元宇宙中,拥有与现实世界相映射的社会和经济系统,现实世界中的个体可以借助数字化身份存在其中。由史蒂文·斯皮尔伯格执导的电影《头号玩家》就讲述了一个类似"元宇宙"的故事。

元宇宙虽然基于互联网而生,但其并不是一个简单的虚拟网络。随着各种数字技术的成熟和商用的普及,元宇宙所要构建的是囊括用户、网络和各种终端的一个永续的、广覆盖的虚拟现实系统。而且,这一虚拟现实系统与现实世界相互映射、平行存在。在这个如同真实宇宙一般的数字宇宙中，个体不仅可以借助虚拟身份进行娱乐、社交等活动，还可以借助平台的资源进行创作，并将作品转化为虚拟资产，真正获得沉浸式交互体验。

从数字时代的进化路径来说，元宇宙的出现也是必然。2021年是元宇宙元年，这意味着人类社会正在从物理世界向数字世界迁徙，并最终进入虚拟与现实融合交织的数字平行世界。5G、区块链、VR/AR/MR、空间计算、AIoT、大数据、3D引擎等前沿技术的深度融合，构筑起元宇宙的"数字底座"。

不妨大胆设想：在一个与现实世界类似的虚拟空间中，我们的"化身"在其中生活、工作、创作和交易，而且所有的活动都不受现实因素的制约。那么，个人的认知、体验乃至价值观等必定会发生翻天覆地的变化。不过，从另一个角度来看，现实世界与虚拟空间之间的界限越来越模糊以后，个体的真实身份与虚拟身份是否能自如地进行转换？元宇宙中的社会关系是否会影响个体的现实生活？元宇宙中的经济系统如何与现实世界中的经济系统并行存在？虚拟空间与现实世界的制度如何兼容？个体存在的形态是"人"还是其他，存在的意义又是什么？"元宇宙"虽然因技术而生，但此类问题所引发探讨的已经不仅仅局限于技术范畴，更涉及元宇宙的商业模式以及文明生态。

经济学家朱嘉明教授提出："元宇宙"的内涵吸纳了信息革命、互联网革命、人工智能革命，VR、AR、ER、MR、游戏引擎等虚拟现实技术革命成果，向人类展现出构建与传统物理世界平行的全息数字世界的可能性；引发了信息科学、量子科学、数学和生命科学的互动，改变了科学范式；推动了传统的哲学、社会学，甚至人文科学体系的突破；融合了区块链技术及NFT等数字金融成果，丰富了数字经济转型模式。"元宇宙"为人类社会实现最终数字化转型提供了新的路径，与"后人类社会"发生全方位交集，展现了一个与大航海时代、工业革命时代、宇航时代同样具有伟大历史意义的新时代。

作为数字文明的高阶形态，元宇宙不仅在全球范围内掀起新一轮的科技与资本浪潮，甚至会对人类社会经济系统、治理体系、伦理价值等产生深刻而广泛的影响。在不远的将来，我们工作、学习、社交、娱乐、消费都可以在元宇宙中进行，获得立体化、沉浸式体验。

本书对元宇宙的"前世今生"与演变脉络进行了系统介绍，全面阐述了元宇宙的技术架构、产业生态与实现路径，细致梳理了全球科技企业在元宇宙领域的实践与布局，深度解读了元宇宙产业链中的创业与投资机会，并试图描绘元宇宙在游戏、社交、电商、营销、建筑、设计等各领域的应用场景，以期为读者勾勒出一幅元宇宙世界的未来图景。本书共分为"理念篇""产业篇""实践篇""赋能篇""未来篇"五个部分：

◆理念篇：全面阐述元宇宙的起源发展、本质逻辑及演变路径，帮助读者厘清元宇宙产业的未来发展趋势；详细剖析元宇宙的核心特征与要素，向读者解释元宇宙世界；围绕元宇宙的实现路径，对其背后的技术原理与支撑体系进行了详细分析。

◆产业篇：从产业生态的角度，重点梳理元宇宙七层产业链，涵盖体验层、发现层、创作者经济层、空间计算层、去中心化层、人机界面层、基础设施层，并从硬件、软件、内容、交易等四个层面进行详细拆解，旨在帮助读者抓住元宇宙风口下的红利机会。

◆实践篇：2021年，元宇宙引爆全球科技圈与资本市场。本篇详细梳理了Facebook、英伟达、微软、Unity、Decentraland、腾讯、百度、阿里巴巴、字节跳动等全球科技企业巨头在元宇宙领域的实践与布局，为元宇宙领域的相关投资者和创业者提供借鉴和参考。

◆赋能篇：元宇宙被视作"未来的数字化生存"，将对人类社会的经济系统与商业模式产生深刻而广泛的影响。本篇深度剖析元宇宙在区块链、游戏、电商、营销、建筑等领域的应用场景，对元宇宙的商业价值进行了展望与研判，以期推动各行业与元宇宙的深度融合。

◆未来篇：元宇宙的发展说明人类社会的数字文明在不断升级。本篇从科技进化的角度，探讨科技、文明与人类未来的关系，引导读者就人类社会通往数字文明之路进行思考。

经过了农业文明和工业文明时代，我们正在走向数字文明时代。而数字文明能够给人类带来的不仅有新的技术、理念和商业模式，还包括经济的转型和社会的变革。以元宇宙为例，假设其应用于医疗健康领域，必然能够为医疗资源不均衡的问题提供有效的解决方案；假设其应用于工业生产领域，则能够极大降低工业领域安全事故的发生率。虽然元宇宙世界尚未真正实现，但就元宇宙所带来的种种问题以及其形成的文明生态是所有入局者都需要慎重考虑的。

Contents | 目 录

第一部分
理念篇：开启元宇宙新纪元

第1章 元宇宙：打破虚拟与现实的次元壁 / 3

01 《雪崩》启示录：元宇宙大爆炸 / 3

02 《头号玩家》里的"绿洲"世界 / 9

03 元宇宙的本质与底层逻辑 / 12

04 演变之路：元宇宙的终极形态 / 17

第2章 核心要素：穿透元宇宙的未来图景 / 21

01 虚实交织的沉浸式体验 / 21

02 用户创造并驱动的内容生态 / 25

03 立体式的社交网络体系 / 27

04 去中心化的经济系统 / 29

05 多元化的元宇宙文明生态 / 31

第3章 数字跃迁：通向元宇宙的技术路径 / 34

01 网络环境：元宇宙的通信基础 / 34

02 虚拟界面：从XR到元宇宙 / 36

03 数据处理：AI算力基础设施 / 39

04 认证机制：虚拟数字资产及交易 / 41

05 内容生产：数字孪生与体素建模 / 43

第二部分
产业篇：元宇宙的生态图谱

第4章 生态全景：元宇宙产业链的七个层次 / 47

01 体验："非物质化"的虚拟世界 / 47

02 发现：构建元宇宙社区生态 / 49

03 创作者经济：技术引爆创意革命 / 51

04 空间计算：数字孪生的镜像世界 / 53

05 去中心化：区块链、DeFi与NFT / 55

06 人机界面：革命性的交互体验 / 57

07 基础设施：元宇宙的技术底座 / 60

第5章 产业生态：元宇宙时代的红利风口 / 63

01 硬件层面：从概念到现实的载体 / 64

02 软件层面：元宇宙底层技术基石 / 67

03 内容层面："游戏+社交"的崛起 / 71

04 交易层面：开启虚拟资产新世界 / 73

第6章　理想VS现实：元宇宙的机遇与挑战　/ 76

01　超级赛道：引爆全球资本市场　/ 76

02　元宇宙产业布局的典型玩家　/ 79

03　现实困境：资本、技术与伦理　/ 83

04　社会治理：元宇宙的未来之战　/ 87

第三部分
实践篇：科技与资本的盛宴

第7章　美国科技企业的元宇宙布局与实践　/ 95

01　Facebook：更名"Meta"背后的野心　/ 95

02　英伟达：Omniverse基础设施平台　/ 100

03　微软：基于数字孪生的企业元宇宙　/ 104

04　Unity Software：搭建完整的XR生态　/ 108

05　Decentraland：虚拟领地的探索者　/ 111

第8章　中国科技企业的元宇宙布局与实践　/ 115

01　腾讯："全真互联网"战略布局　/ 115

02　百度：推出VR 2.0产业化平台　/ 119

03　阿里巴巴：达摩院XR实验室　/ 122

04　字节跳动：搭建VR生态圈　/ 125

第9章　掘金时代：元宇宙世界的创业机会 / 129

　　01　VR/AR：开启下一代计算平台 / 129

　　02　泛娱乐：内容经济时代的来临 / 132

　　03　虚拟社交：打造沉浸式社交体验 / 135

　　04　虚拟偶像：技术驱动的IP变现 / 137

第四部分
赋能篇：元宇宙的应用场景

第10章　元宇宙+区块链：创造数字新世界 / 143

　　01　区块链：元宇宙的底层技术 / 143

　　02　分布式资产流通及交易 / 146

　　03　基于区块链的分散式标识符 / 148

　　04　分布式治理与决策机制 / 150

第11章　元宇宙+游戏：重构游戏产业格局 / 152

　　01　游戏：元宇宙的基础形态 / 152

　　02　沉浸式、多元化的游戏体验 / 154

　　03　始于游戏，不止于游戏 / 156

　　04　元宇宙时代的游戏营销变革 / 160

第12章　元宇宙+电商：驱动传统电商变革 / 164

　　01　元宇宙时代的购物新体验 / 164

02　VR购物：重构人、货、场的关系　／ 167

　　03　NFT电商：下一个超级风口　／ 170

　　04　区块链在电商领域的应用　／ 174

第13章　元宇宙＋营销：席卷全球的营销场景　／ 177

　　01　元宇宙重构全球营销模式　／ 177

　　02　"元宇宙＋营销"的应用场景　／ 180

　　03　VR营销：打造沉浸式营销体验　／ 182

　　04　VR技术在各领域中的营销实践　／ 186

第14章　元宇宙＋建筑：未来的建筑设计师　／ 191

　　01　虚拟世界里的"数字空间"　／ 191

　　02　元宇宙语境下的建筑美学　／ 193

　　03　未来造梦师：全新的职业内涵　／ 196

第五部分
未来篇：科幻与现实的边界

第15章　星辰大海：关于元宇宙的终极想象　／ 201

　　01　影视作品中的元宇宙幻想　／ 201

　　02　文学作品中的元宇宙幻想　／ 206

　　03　游戏作品中的元宇宙幻想　／ 209

　　04　动漫作品中的元宇宙幻想　／ 213

05 娱乐作品中的元宇宙幻想 / 216

第16章 奇点临近：技术、文明与人类未来 / 219

  01 元宇宙与后人类社会 / 219

  02 第三次生产力革命的来临 / 222

  03 元宇宙如何改变我们的生活？ / 225

  04 用户协作、虚拟经济、加速互联 / 227

第17章 未来已来：元宇宙重塑数字经济体系 / 231

  01 低代码开发与数字化变革 / 231

  02 智能科技新物种的爆发 / 233

  03 未来的开放型网络社区 / 235

第一部分
理念篇：开启元宇宙新纪元

第1章
元宇宙：打破虚拟与现实的次元壁

01 《雪崩》启示录：元宇宙大爆炸

2021年，"元宇宙"概念引爆全球科技圈，引起了无数科技巨头、资本市场与创业者的关注。元宇宙指的是一个独立于现实世界之外但又能够映射现实世界的虚拟空间，是云计算、区块链、数字孪生等新技术概念的综合具象化。在移动互联网用户红利消耗殆尽的环境下，元宇宙有望掀起下一代互联网的巨浪。

元宇宙虽然基于互联网而生，但它并不是一个简单的虚拟网络。随着各种数字技术的成熟和商用的普及，元宇宙所要构建的是囊括用户、网络和各种终端的一个永续的、广覆盖的虚拟现实系统。而且，这一虚拟现实系统是与现实世界相互联通、平行存在的。在这个如同真实宇宙一般的数字宇宙中，个体的体验与认知等均会发生翻天覆地的变化。

◆《雪崩》的启示：从科幻到现实

"元宇宙"，即 Metaverse，对它的认知也可以基于对词汇的分析。Metaverse 由 "Meta" 和 "Verse" 两部分组成，"Meta" 可译为 "元" 或 "超越"，"Verse" 的意思为 "宇宙"。元宇宙，即借助互联网、虚拟现实及增强现实等技术搭建一个虚拟时空。在元宇宙中，拥有与现实世界相映射的社会和经济系统，而现实世界中的个体则可借助数字化身份存在其中。

"元宇宙"的概念虽然在 2021 年得到关注，但其出现的时间可以追溯至移动互联网出现之前。1992 年，科幻作家 Neal Stephenson 在其创作的科幻小说《雪崩》（*Snow Crash*）中描述了一个名为"元宇宙"（Metaverse）的多人在线虚拟世界，用户在其中以"化身"（Avatar）的形式参与活动。

小说的主角名为 Hiro Protagonist，其在现实世界中是一名比萨送餐员，专门为已经控制了美国的黑手党送餐。但不工作的时候，他可以通过特别的目镜设备以"化身"的形式进入元宇宙，从事与现实世界类似的活动（比如吃饭、交谈）或一些特殊的活动（比如担任间谍）。在小说描述的元宇宙中，其情形与现实世界既有一定的相似性，又有很多差别，比如大街上也有很多人穿梭来往；不过这个世界运行的规则和其中的主干道由"计算机协会全球多媒体协议组织"制定，而且"化身"在购买土地开发许可证后，便可以自主建造楼宇、公园等。

与小说中的"化身"（Avatar）一词同名的好莱坞电影《阿凡达》（*Avatar*），其灵感正源于此。导演詹姆斯·卡梅隆在电影中所构建的世界，实际上也相当于将"元宇宙"和"化身"两个概念以更加具象化的形式呈现在人们眼前。在电影《阿凡达》中，人类可以借助技术化身成阿凡达，并进入遥远的星球潘多拉开采资源。在这个星球上，你既可以做与现实世界相同的事情，也可以做在现实世界中不能做的事情。比如，电影的主角在现实世界中是一名受伤后以轮椅代步的前海军人员，而在潘多拉星球上他可以自如地活动。不仅如此，在这个云端数字世界中，世界运行的规则也不再受现实世界的限制，甚至时间也可以逆流。

除《阿凡达》外，由史蒂文·斯皮尔伯格执导的电影《头号玩家》也讲述了一个与"元宇宙"概念相关的故事。

由于元宇宙是基于互联网而诞生的，因此它与互联网具有共同之处，即一直处于发展的过程中，不受某个个体控制。而且，元宇宙与现实世界平行，具有与现实世界相映射的空间感知特点。

◆元宇宙大爆炸：掀起全球资本浪潮

2021年，元宇宙概念席卷全球，吸引了全球科技巨头与资本的关注，如表1-1所示。

表 1-1　全球科技企业在元宇宙领域的布局

公司	元宇宙布局
腾讯	社交：微信、QQ；游戏：Roblox、Epic Games；内容：腾讯泛文娱产业链；基础设施：微信支付、腾讯云、腾讯会议等
Facebook	VR设备：OculusVR；社交平台：Horizon；加密货币：Libra；社交：Instagram、WhatsApp、Facebook
谷歌	基础设施：谷歌云、安卓平台；游戏：Stadia；内容：YouTube VR等
英伟达	基础设施：Omniverse开放式平台、显卡、算力平台等
Epic Games	游戏：Fortnite；基础设施：虚幻引擎
字节跳动	社交：抖音；游戏：朝夕光年、Ohayoo、代码乾坤；基础设施：巨量引擎、飞书等

在国内，百度、腾讯、字节跳动都开始在元宇宙领域布局。2021年4月，字节跳动向元宇宙概念公司代码乾坤投资1亿元；8月，字节跳动斥资10亿元收购了元宇宙巨头Pico，正式进入AR领域。腾讯申请了20多个元宇宙商标，包括"王者元宇宙""魔方元宇宙""QQ元宇宙""飞车元宇宙"等。2021年8月，百度启用了"百度世界2021 VR分会场"，用无数芯片、集成电路、海量数据为用户创造了一个别开生面的"百度世界"。

在国外，各大互联网企业在元宇宙领域的布局竞争同样激烈。2021年7月，Facebook联合创始人、首席执行官马克·扎克伯格提出Facebook向元宇宙转型的计划。10月29日，扎克伯格在Facebook Connect开发者大会中正式宣布，公司将更名为"Meta"。他在Facebook Connect活动中详细阐述了对元宇宙的愿景："我们已经从桌面经过网络走到手机，从文本经过照片走到视频，但这还不是终点。下一个平台和媒体将是更具沉浸感和具体化的互联网，在那里你可以体验，而不仅仅是看着它，我们称之为元宇宙。"

微软在全球合作伙伴大会上发布了企业元宇宙解决方案，致力于帮助企业客户实现数字世界与现实世界的融合。游戏公司Epic Games获得10亿美元的融资用于开发元宇宙业务。此外，谷歌、网易、HTC等科技企业也在元宇宙领域积极布局。据彭博社预测，到2024年，元宇宙的市场规模有可能达到8000亿美元。据方舟投资预测，到2025年，虚拟世界所创造的利润有望达到4000亿美元。

◆元宇宙革命：数字世界与物理世界的深度融合

全球各大企业纷纷投资元宇宙，必然是看到了元宇宙未来的发展空间。在讨论元宇宙未来的发展之前，我们再来解析一下元宇宙这个概念。目前关于元宇宙的解释非常多，风险投资家马修·鲍尔（Matthew Ball）的解释更容易理解："元宇宙（元界）是一个由持久、实时渲染的3D世界和模拟组成的广阔网络，支持身份、对象、数据和权利的连续性，并且可以实现无限数量的用户实时连接。在元宇宙世界中，每个用户都能够获得沉浸式的极致体验。"

根据美国密歇根州立大学媒介与信息学副教授拉宾德拉·拉坦教授的观点，元宇宙有三大关键要素，分别是存在感、互操作性和标准化，具体如表1-2所示。

表1-2 元宇宙的三大关键要素

关键要素	具体内容
存在感	存在感指的是用户的体验，即用户处在虚拟空间，虚拟与他人在一起的感觉。这种感觉的实现需要借助虚拟现实技术与设备，主要目的是提高在线互动的质量
互操作性	互操作性指的是虚拟资产可以在虚拟空间内自由流通，数字商品可以实现跨边界转移，这些都依赖加密货币和不可替代通行证等区块链技术的支持
标准化	实现元宇宙平台与服务互操作性的关键

到目前为止，元宇宙还停留在概念层面，将来会发展成一个怎样的空间，目前还无法做出全面描述。但一个普遍的认知是，未来，元宇宙会成为一个巨大的公共网络空间，在这个空间里，数字虚拟与物理现实将实现深度融合。一方面，元宇宙将以"游戏"的形式存在，"游戏"由用户创建，游戏使用的装备、道具就是资产，元宇宙作为一个与现实世界相对的平行空间而存在；另一方面，元宇宙将实现虚拟照进现实，在VR/AR等技术的支持下，数字化将以更清晰的方式存在。未来，数字虚拟与物理现实相交互，将使元宇宙的内涵不断丰富，促使两个空间完美融合。

02 《头号玩家》里的"绿洲"世界

元宇宙是一个虚拟的时间与空间的集合，是通过数字化形态承载的与人类社会并行的平行宇宙。Roblox公司认为元宇宙应该具备八大要素，分别是身份（Identity）、朋友（Friends）、沉浸感（Immersive）、低延迟（Low Friction）、多元化（Variety）、随地（Anywhere）、经济系统（Economy）和文明（Civility），如表1-3所示。

表1-3 Roblox公司认为元宇宙应具备的八大要素

八大要素	主要体现
身份（Identity）	用户在元宇宙中拥有虚拟身份
朋友（Friends）	元宇宙具有社交属性
沉浸感（Immersive）	元宇宙同其他游戏一样可以创造沉浸感
低延迟（Low Friction）	与现实同步，无异步性
多元化（Variety）	内容丰富，形式多元
随地（Anywhere）	可通过多终端登录元宇宙
经济系统（Economy）	元宇宙具有自己的经济系统
文明（Civility）	元宇宙会创造虚拟文明

◆《头号玩家》展示的元宇宙要素

上面提到的元宇宙应该具备的八大要素，可以借助电影《头号玩家》获得具象的展示。该电影讲述了一个在现实世界中无所寄托的大男孩，借助虚拟游戏获得另类体验的故事。

电影所描绘的空间"绿洲",具有与元宇宙类似的形态。这个基于游戏而打造的超大型数字社区,拥有与现实世界相映射的人类社会文明,以及与现实世界相关联但又相互独立的经济系统,参与者可以在其中与其他用户进行社交活动。

电影剧情与上述八个因素的对应如下:主角韦德在现实世界中生活在贫民窟(随地),但只要他带上VR设备就能进入虚拟游戏宇宙"绿洲"中(沉浸感),并获得一个全新的身份——帕西法尔(身份)。与令人失望的现实世界不同,在"绿洲"中,他不仅认识了女友阿尔忒弥斯(朋友),而且可以自由地去任何自己想去的地方(多元化),并可以凭借劳动等方式获得收入(经济系统)。在"绿洲"中,人们形成了一套独特的文化和价值理念(文明)。不过,"绿洲"并不是完全与现实世界脱离的,如果帕西法尔受伤了,现实世界中的韦德也会同时感到疼痛(低延迟)。

目前,元宇宙大多以游戏为起点,逐渐融合互联网、数字化娱乐、社交网络等因素,未来或许还将对商业活动、经济活动进行整合,这是元宇宙引起广泛关注的一个重要原因。

从技术层面来看,元宇宙追求沉浸感、参与度和永续性,对传统互联网提出了较高的要求。为了满足这一点,市场上会出现很多为元宇宙服务的平台、基础设施、协议、工具等。随着5G网络快速发展,VR／AR、云计算等技术不断成熟,元宇宙有可能从概念转化为实际的产品和应用。

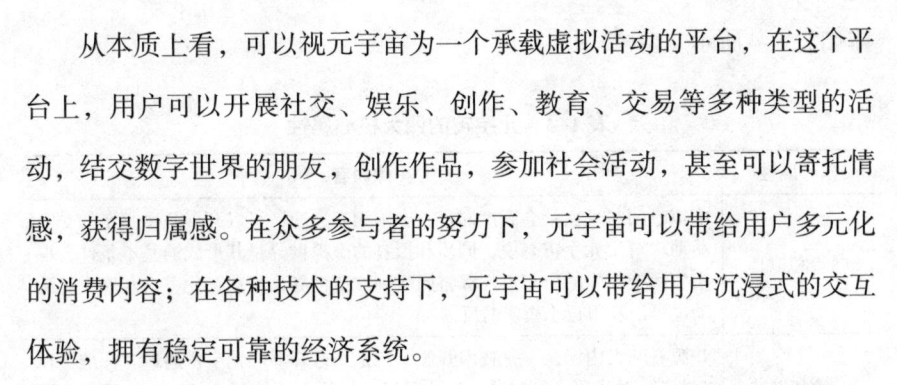

从本质上看，可以视元宇宙为一个承载虚拟活动的平台，在这个平台上，用户可以开展社交、娱乐、创作、教育、交易等多种类型的活动，结交数字世界的朋友，创作作品，参加社会活动，甚至可以寄托情感，获得归属感。在众多参与者的努力下，元宇宙可以带给用户多元化的消费内容；在各种技术的支持下，元宇宙可以带给用户沉浸式的交互体验，拥有稳定可靠的经济系统。

剥开层层表象可以发现，元宇宙的核心是可信地承载人的资产权益和社交身份。通过复制现实世界的底层逻辑，元宇宙拥有了坚实的基础，支持所有用户参与创造，并为用户的劳动成果提供强有力的保障。这样一来，元宇宙就可以为用户提供与现实世界别无二致的劳动、生产、交易等活动体验。例如，用户可以在元宇宙建造房屋，按照市场价格开展交易活动等。

基于这些功能，元宇宙绝不能被视为游戏与社交平台，它可能颠覆人类社会对"自身存在"的主流认知，在不断发展的信息技术的支持下，推动人类文明向虚拟时空发展。虽然目前元宇宙相关技术主要应用于游戏，但随着人类文明在虚拟世界不断完善，其开发目标绝不是成为一个大型的游戏平台，而是最大程度地满足人类的主观体验。

◆ **元宇宙的四大核心属性**

目前，关于元宇宙的最终形态，业内人士还没有做出详细描述，但通过对元宇宙特征的分析，我们可以归纳出元宇宙的四大核心属性，具体如表1-4所示。

表1-4　元宇宙的四大核心属性

核心属性	具体内容
同步和拟真	虚拟空间与现实社会高度同步，必须相互连通，可以开展几乎真实的交互活动。对于元宇宙来说，同步和拟真的虚拟世界是其形成的基本条件，现实生活中发生的所有事件都将同步到虚拟世界，用户在元宇宙开展交互活动也可以获得近乎真实的反馈
开源和创造	开源有两大内涵，一是技术开源，二是平台开源。元宇宙通过"标准"和"协议"对代码进行封装，形成不同的模块，支持所有的用户开展创造活动，从而构建一个原生的虚拟世界，推动元宇宙的边界不断扩展
永续	元宇宙会以开源的方式持续运行，不会暂停或者结束
闭环经济系统	元宇宙也有统一的货币，用户可以通过工作获得货币，然后使用货币消费，也可以按照一定的比例将其置换为现实生活中的货币。也就是说，经济系统是元宇宙存在与发展的重要驱动力

目前，互联网的发展正在颠覆人们的生活方式，但人们又不会完全脱离现实生活。也就是说，互联网创造出的新的生活模式不仅可以在网络空间独立运行，还可以与现实生活紧密相连，在某些方面映射现实世界。

03　元宇宙的本质与底层逻辑

Roblox公司所呈现的UGC（用户原创内容）式的虚拟世界平台、《动物之森》所带来的虚拟社交以及《堡垒之夜》举办的线上演唱会等，实现的重要条件都是技术的更新迭代。相关的核心技术不仅催生出了"新内容"，还能够给人们带来"新体验"。

◆ 元宇宙的诞生背景

互联网，尤其是移动互联网的快速发展，不仅给许多领域带来了新的机遇，也使得大量虚拟内容应运而生，比如引发全世界玩家共同挑战的"Pokémon Go"等。另外，新冠肺炎疫情在全球的蔓延也使得大量的线下场景往数字端迁移，比如明星演唱会、毕业典礼等，这些场景均可以借助UGC、3D引擎等技术在虚拟内容端呈现。线下场景的数字化迁移，在一定程度上使得元宇宙在游戏、社交以及娱乐等领域的潜力逐渐被释放出来。

元宇宙之所以引人关注，主要在于两个方面：第一，人们对生产生活的效率以及娱乐体验的要求越来越高；第二，5G、AI、区块链技术、VR/AR等技术不断发展，有了落地应用的可能。2020年初暴发的新冠肺炎疫情对此也产生了极大的推动作用。为了响应防疫要求，人们将很多生活场景从线下转移到了线上，对元宇宙的雏形有了更多思考。

对信息技术和信息媒介的发展历程进行分析可以发现，起初，人们只是在不断改变认识世界的方法；后来，人们开始有意识地改造世界，并试图重塑世界。从纸质媒体时代到广播电视时代，再到网络时代，打造元宇宙的工具和平台逐渐完善，路径也逐渐清晰。

◆ 元宇宙的底层驱动因素

如果元宇宙要仿照现实世界构建，就要具备五大要素，分别是人及人的关系、生产资料、交易体系、法律关系和环境及技术生态体系。从本质上看，元宇宙就是要对这五大要素进行改造，形成既映射现实，又独立于现实，可以回归到宇宙本质的一个世界。元宇宙的创建主体呈现出多元化的特点，涉及不同国家的不同公司和组织，它们秉持开放性原则，共同创建一个可携带、可互操作的模拟世界。

人类对世界本质的探索是永恒的，在这个过程中，技术发展和需求升级交替进行，而需求端直接影响着供给端，只有需求端的需求足够旺盛、足够强烈，才能促使供给端形成多元化的解决方案，创建一个繁荣的生态体系，进而才能推动行业不断升级，持续颠覆现有的生产方式与生活方式，带给人们全新的体验。

- 供给端：技术条件不断成熟，产业政策提供强有力的支持。5G基站在全国范围内大规模落地、区块链逐渐覆盖全国各省市、VR/AR等技术快速发展、《国家信息化发展战略纲要》等文件相继发布，这些都为元宇宙的创建奠定了良好的基础。

- 需求端：人们对娱乐方式和社交方式的需求迎来拐点，Z世代（Generation Z，1995—2009年出生的人）更喜欢精神娱乐消费，而且受新冠肺炎疫情的影响，他们逐渐形成了网上办公、网上娱乐、网上学习的习惯。

◆ 元宇宙的生态图谱

元宇宙作为一个新的领域，其产业方面的创新体现在各个环节。

元宇宙的产业链大致包括以下四个环节：

（1）底层架构：区块链、NFT等

元宇宙之所以与网络游戏或网络社区等虚拟世界不同，非常重要的一点在于元宇宙中拥有与现实世界相对应的经济系统，因此用户能够获得更加沉浸式的体验。

而网络游戏等虚拟形式之所以不能成为真正的"平行世界"，只能被局限为一种娱乐的工具，主要是因为：一方面，用户在游戏等虚拟世界中所获得的虚拟资产难以自由流通，与现实世界并无太多关联；另一方面，用户在虚拟世界中的命运几乎完全掌握在运营商手中，一旦运营商选择关闭应用，那么用户就会"人财两空"。

NFT（Non-Fungible Tokens，非同质化代币）以及区块链等技术的发展则能够较为妥善地解决上述问题。基于此，便能够在元宇宙中构建一个与现实世界相链接的经济系统，用户在元宇宙中获得的虚拟资产也能够在现实世界流通，并且不受某一第三方平台的限制，而这正是此前网络游戏等市场所忽视的环节。

（2）后端基建：5G、GPU、云、AI等

除了NFT、区块链等构成的底层架构外，元宇宙还需要AI、5G、GPU、云计算等技术支撑。在互联网带动发展的各个产业当中，可以说"软件定义一切"，而AI、5G、GPU、云计算等后端技术的基础建设，不仅是决定元宇宙可行与否的关键，更能够凭借对精细度和数据量的把控等助推元宇宙真正落地。

15

就目前虚拟现实领域的发展路径来看，基本可以归结为两类：单机智能与网联云控。其中，单机智能的着眼点是感知交互、近眼显示等细分领域，而网联云控则主要聚焦与内容存储和处理等相关的流媒体服务。不过，随着5G等技术的发展，在元宇宙领域，单机智能与网联云控将有望实现融合，并与云计算等技术共同促进产业的飞跃式发展。

（3）前端设备：AR/VR、可穿戴设备等

用户要与元宇宙实现连接，并获得沉浸式体验，需要借助VR/AR、可穿戴设备等，它们便构成了元宇宙产业链的前端设备环节。随着越来越多的互联网巨头以及科技新秀等加入，VR/AR、可穿戴设备等领域已经驶入了产业发展的快车道，培育出了越来越多的用户。

用户使用习惯及产业连接等方面的需求将使VR/AR、可穿戴设备等的发展遵循三个趋势，即硬件趋于无线化、软件趋于云化、设备的交互趋于全场景应用。同时，伴随移动通信技术的发展和升级，虚拟现实产品的品类和形态也会越来越丰富，并带动相关消费市场的发展，催生出更加成熟的商业模式。

（4）场景内容：游戏、智慧医疗、工业设计、智慧教育等

元宇宙作为一个经典概念的重生，必然能够在不同的场景中发挥出巨大的潜力。具体来看，其场景的开拓将会经历三个阶段，如表1-5所示。

表 1–5 元宇宙场景开拓的三个阶段

场景	具体内容
基础应用阶段	在游戏、社交、娱乐等领域进行探索，应用的场景比较有限，内容不够丰富，且交互方式单一
延伸应用阶段	逐步向医疗、建筑、培训、教育等更多领域探索，应用内容和交互方式趋于多元化
应用生态阶段	基于前期的探索，元宇宙全景社交逐渐成为虚拟现实终极应用形态之一

虽然元宇宙与网络游戏场景有天然的契合度，但元宇宙的应用却不会局限于网络游戏场景。未来，随着相关技术的进步，会有更多垂直场景成为元宇宙的应用空间。目前已经展现出此方面潜力的有工业设计等工业领域的细分场景，远程手术、术前演练以及理论教学等医疗健康领域的细分场景等。

04 演变之路：元宇宙的终极形态

元宇宙这个概念之所以如此火热，很大一部分原因是它为5G、VR、AR等前沿技术提供了一个发挥作用的空间，为技术改变世界提供了无限可能。虽然凭目前的技术水平很难打造一个功能完善、体验感极佳的元宇宙，但可以分阶段推进。在这个过程中，技术水平不同，投资回报率与投资回报周期也会呈现出显著差异。具体来看，元宇宙的演进过程可以划分为以下三个阶段：

◆第一阶段（2021—2030年）：虚实结合

在这个阶段，现实世界的生产过程和需求结构还没有发生太大的改变，线上、线下融合的商业模式将持续演化。以购买服装为例，在电商购物模式下，用户通过浏览图文信息、用户评价获取平面信息，但在短视频和直播电商出现之后，主播可以穿上衣服向用户进行立体化展示，极大地提高了用户接收信息的准确度。

未来，随着VR/AR技术在网络购物领域的广泛应用，用户在购物过程中可以直观地看到衣服在自己身上呈现出的效果，从而做出更合理的购物决策。这种沉浸式购物体验看似是一种丰富感官体验的形式，实际上，它承载着和区块链相似的功能，也就是帮助用户获得更多真实、有用的信息，完成虚拟体验与现实世界的交互。

在这个阶段，元宇宙主要聚焦在社交、游戏等领域，其中具有沉浸感的体验是一个重要形态，可以极大提高用户体验感。软件工具以UGC平台生态和支持构建虚拟关系网的社交平台为依托进行开发，硬件系统则依靠已经实现普及应用的移动设备。同时，随着VR/AR等技术的快速发展，有望带给用户全新的娱乐体验。

◆第二阶段（2030—2050年）：虚实相生

在数字化技术的作用下，虚拟世界将变得更加真实，物理世界的生产过程也将被颠覆。在这一阶段，在VR/AR等显示技术和云技术的作用下，元宇宙的应用将进一步丰富，例如全真互联网指导下的智慧城市、更加成熟的数字资产金融生态、逐步形成闭环的虚拟消费体系等，这些都将满足人们提高生产效率与生活效率的愿望。

在这一阶段，人们在虚拟网络上投放的时间有可能达到60%，导致这种情况发生的原因有两点：第一，人工智能、大数据、工业智能化等技术极大地提高了生产效率，导致现实世界的劳动力需求大幅减少；第二，虚拟世界的内容不断丰富，不仅可以满足人们的娱乐、消费需求，还可以满足人们的工作、生活等需求。在这种情况下，人们在虚拟网络花费的时间将变得越来越多。另外，在这一阶段，人工智能、仿生人、基础引擎等业务将完成商用变现。

◆第三阶段（2050年以后）：虚即是实

经过前两个阶段的积累，这一阶段元宇宙的用户数目以及使用时长都会呈跨越式增长，真正实现虚拟空间与现实世界密不可分。具体的情形可以参照科幻冒险片《头号玩家》所呈现的场景。

预计这一阶段到来的时间为2050年之后，虽然由于技术的进步以及用户需求的增加，元宇宙的发展速度势必会越来越快，但其发展趋势仍然存在很大的不确定性。元宇宙的终极形态可能是开放性与封闭性的完美融合，不会出现一家独大的现象，但也会出现超级玩家。超级玩家会在封闭性与开放性之间找到一个平衡，这种平衡可能是主动的，也可能是被动的，即在国际组织的强烈要求下不得不寻求平衡。因此，未来的元宇宙不仅可以实现开放体系与封闭体系共存，还有可能形成一个局部连通、大宇宙和小宇宙相互嵌套、小宇宙有机会膨胀、大宇宙可能相互碰撞的与真实的宇宙异常相似的宇宙。

最终，不同风格、不同领域的元宇宙可能相互叠加，形成一个规模更大、覆盖范围更广的元宇宙，用户的身份、资料可以实现跨宇宙同步，人们的生产方式、生活方式、组织治理方式都将被颠覆。

第2章
核心要素：穿透元宇宙的未来图景

01 虚实交织的沉浸式体验

人类需求可以简单地划分为物质需求和精神需求。在人类需求研究方面，最著名的就是马斯洛需求层次理论。马斯洛将人类需求划分为五个层次，分别是生理需求、安全需求、社交需求、尊重需求和自我实现需求，其中生理需求和安全需求可以归入物质需求，社交需求、尊重需求和自我实现需求可以归入精神需求。

只有在物质需求得到满足后，人类才会追求高级的精神需求。元宇宙的发展也遵循这一规律。例如，去中心化的经济系统可以解决财产安全问题，立体化的社交网络可以满足社交需求，沉浸式体验、开放的创造系统、多样的文明形态可以满足尊重需求和自我实现需求。

元宇宙能够提供极尽真实的沉浸式体验，可以带给用户身临其境的感受。在元宇宙中，用户可以享受沉浸式的购物、教育、旅行和学习过程，并借助游戏等趣味化的方式增强沉浸感，产生身临其境的感觉。

元宇宙给用户营造的沉浸式体验是借助沉浸式设备和游戏技术实现的。从2020年开始，人们就开始尝试利用游戏技术搭建沉浸式场景。

例如，2020年4月，说唱歌手Travis Scott与《堡垒之夜》游戏联合举办了一场大型虚拟演唱会，引起了巨大轰动。虽然这场演唱会只有十分钟时间，但却利用动画的形式呈现了一场无与伦比的视听盛宴。在这场音乐会中，Travis Scott的身形被放大到摩天大楼的尺寸，"他"一边表演一边在小岛上穿梭，最终从半机械人变成了荧光太空人。据统计，这场音乐会有1200多万名玩家同时参与，呈现出的效果非常震撼。

2020年5月，加州大学伯克利分校在《我的世界》游戏中建造了一个模拟的3D伯克利校园，邀请毕业生在这个虚拟校园里参加一场虚拟的毕业典礼。在典礼上，由校长致辞，并进行了学位授予仪式。遗憾的是，典礼的参与者只能通过智能手机、电脑等设备进入虚拟校园，无法产生身临其境的感觉。身临其境感的产生不仅需要利用游戏技术搭建虚拟场景，还需要沉浸式设备。

◆沉浸式交互设备：打造极致的场景体验

借助沉浸式交互设备，用户可以在元宇宙获得真实、持久、顺畅的交互体验，同时还能保持对现实世界的感知。因此，对于元宇宙来说，基于VR、AR及脑机接口技术的沉浸式设备是打造沉浸感必不可少的工具。要将虚拟世界与现实世界融合在一起，甚至打造比现实世界更逼真的场景，必须依赖Avatar、动作捕捉、手势识别、空间感知、数字孪生等技术，具体如表2-1所示。

表 2-1　元宇宙的沉浸式场景技术

沉浸式技术	企业布局
Avatar	Unreal、三星、科大讯飞等企业都在积极研发Avatar技术，其中Unreal研发的Meta Human Creator可以在很大程度上还原人类皮肤、毛发的质感，刻画人类各种细微的表情
动作捕捉	该技术可以捕捉人类动作的各种细节，对人的动作进行模拟。过去，人类动作捕捉需要使用很多设备，首先要在人身体各个部位佩戴连接仪器，然后使用复杂的高端摄像设备对人体的动作进行捕捉。现在，只要一部手机就可以完成对人体动作的捕捉，非常简单、方便
手势识别	Facebook推出的无线VR头盔Oculus Quest已经可以实现手势识别，《半条命：Alyx》等游戏也开始利用手势识别进行内容创作，可以让用户享受到更真实的虚拟体验
空间感知	除人体自身的交互外，人还需要与周围的环境互动，借此提升虚拟空间的真实感。在空间感知方面，SLAM、LiDAR等空间定位识别技术已经在AR硬件及内容开发领域得到广泛应用。随着技术的不断成熟，空间识别定位的准确度也不断提升。华为河图就是利用AI算法将虚拟模型与真实点云合成，创建了一个与真实地球非常相似的三维数字地球

续表

沉浸式技术	企业布局
数字孪生	OPPO CyberReal利用SLAM、AI等算法技术开发出了高精度实时定位功能和全景识别功能，即便用户进入一个陌生环境，也可以对用户位置做出精准识别。未来，CyberReal将构建一个数字孪生世界，在这个过程中，数字孪生技术将发挥关键作用

◆跨平台游戏：推动元宇宙理念落地

"跨平台游戏"概念的卷土重来，不仅为竞争白热化的网络游戏领域提供了新的发展空间，而且推动了元宇宙理念的落地。元宇宙之所以能够从概念逐步落地，一方面是由于移动通信技术、AI、VR/AR等技术的推动，另一方面则是因为各细分领域提供了丰富的应用场景。

对游戏产业来说，搭建元宇宙是必然的发展趋势。只有打破平台的边界，才能够捕获更多的用户，带来更具沉浸化的体验。构建社群化链接，也是游戏产业从被动转型到主动满足用户需求的有效之举。

以沙盒游戏"Roblox"为例，在这个游戏中，用户可以自由创作游戏，通过售卖游戏赚取游戏币。Roblox游戏平台可以为用户提供游戏创作、在线游戏与社交等服务。平台为用户提供游戏引擎，支持用户开发游戏，并从开发者出售游戏的收入中获取分成，玩家则可以在多个平台参与各种游戏，还可以与好友聊天、一起玩游戏、聚会等。

Roblox平台有三大核心要素：一是稳定的经济系统，为开发者出售游戏提供便利；二是深度创作的技术工具，为开发者创作游戏提供支持；三是云游戏，支持用户开展各种社交活动。借助用户创作游戏的模式，Roblox平台目前可以让用户体验的游戏达到了1800万种。Roblox这种以用户创作为主导、可以带给用户沉浸式体验、支持用户开展社交活动的模式，就是元宇宙的雏形。

02 用户创造并驱动的内容生态

元宇宙是用户创造并驱动的世界，这里的创造有两层含义：一是用户借助各种平台创造属于自己的世界，获得成就感、归属感；二是开发者利用创造工具创造平台，获取经济收益。目前，在一些企业的努力下已经诞生了一些元宇宙创造工具，例如Roblox、Unity、Omniverse等。

◆ Roblox

Roblox是一款多编程语言开发工具，支持开发者在Roblox的世界里开发各种不同的游戏，还可以直接将开发的游戏上传到官网。从本质看，Roblox就是一个开放的游戏引擎，功能非常强大，包括开发者中心、新手教程、社区论坛、教育者中心和数据分析工具等，为游戏开发提供全方位支持，而且学习成本极低，使用完全免费。除游戏开发外，Roblox还为开发者提供发行渠道。

◆ Unity

Unity是一款由Unity Technologies研发的跨平台2D/3D游戏引擎，一直为VR/AR开发者提供技术支持。据了解，在2019年诞生的VR与AR内容中，60%的VR内容是开发者利用Unity开发的，90%的AR内容是开发者利用Unity开发的。

Unity自诞生以来就开始在世界各国流行，创作者队伍不断壮大，目前已经覆盖了190多个国家150多万人，月度活跃用户达到20亿。在全球市场上，2019年收入排名前100的游戏公司，93家公司在使用Unity；排名前1000的移动游戏有53%是利用Unity开发的。在中国市场上，76%的移动游戏是利用Unity开发的。未来，Unity的应用范围、用户规模仍将持续增长。

◆ Omniverse

Omniverse是英伟达旗下一个计算机图形与仿真模拟平台，可以通过对真实世界的模拟创建虚拟的数字孪生世界，将很多现实世界不便开展的测试与实验放到这个虚拟的数字孪生世界中，以帮助企业降低生产成本、提高开发效率。

03　立体式的社交网络体系

随着Facebook、字节跳动等互联网巨头进入元宇宙领域，元宇宙将被打造成社交网络3.0。随着互联网技术的不断发展，微博、微信、Facebook等社交平台侵入人们的日常生活，社交网络已经成为人们沟通交流的重要工具，也成为互联网世界最重要的流量源泉。

经过多年发展，社交网络已经发展到2.0时代。在人类社会向元宇宙发展的过程中，社交网络也将从2.0时代迈向3.0时代。为了抢占先机，社交网络巨头纷纷开始在元宇宙领域布局。例如，字节跳动以90亿元的价格收购了国内最大的虚拟现实企业PICO；Facebook以20亿美元的价格收购Oculus，其中4亿美元为现金，剩下的16亿美元为Facebook的股票，目前该股票价格已经翻了四倍。

那么，究竟什么是社交网络3.0呢？简单来说，社交网络3.0就是一种立体化的社交网络体系。下面对社交网络的三个发展阶段进行具体分析。

◆社交网络1.0时代

在社交网络1.0时代，网络社交主要是陌生人社交，而且存在鲜明的娱乐属性，彼此之间基本不存在真实的社会关系，典型应用就是ICQ等社交软件。这些社交软件不能存储用户资料，用户每次使用都可以更换一个身份。随着社交网络的不断发展，在1.0时代的后期，社交网络具备了上传照片、更新动态等功能，为用户展示真实身份奠定了一定的基础。

◆社交网络2.0时代

社交网络从1.0时代进入2.0时代的重要标志就是Facebook、校内网的出现，典型特征就是用户在网络环境中以真实身份开展社交活动。在社交网络2.0时代，微信可谓是集大成者。在这些软件的支持下，真实的社交关系开始在社交网络上沉淀，陌生人社交逐渐转变为熟人社交，人们在网络上的身份也开始从虚拟变得真实。

◆社交网络3.0时代

社交网络从2.0时代迈向3.0时代的过程，元宇宙将发挥至关重要的作用。社交网络3.0时代的典型特征就是社交网络更加立体，用户的沉浸感更强，每个用户都有一个实体形象，可以体验到比现实更丰富的娱乐、休闲、办公、游戏等场景，相当于一个参照现实建立的大型3D在线世界。

相较于1.0时代和2.0时代，社交网络3.0时代覆盖范围之广、融合程度之深可能超出所有人的想象，除最基本的人这一要素外，还涵盖了包括游戏、影视、音乐、虚拟消费品、虚拟房地产、虚拟经济体系、办公与会议体系等在内的诸多内容。

04　去中心化的经济系统

元宇宙拥有独立的经济体系和原生货币，这个经济体系由国家控制，以法币为基础，拥有由平台中心化控制的内部流通货币。在这个经济体系中，用户的经济活动可以在实体空间与虚拟空间无缝切换，包括赚钱、消费、借入、借出、投资等，用户的生产活动、工作活动所得将兑换为统一的货币，用户可以使用这个货币在平台内开展消费活动，或者将其按照一定的比例兑换为现实世界的货币。对于元宇宙来说，经济系统是其发展的重要驱动力。另外，需要注意的是，元宇宙不会导致虚拟经济取代实体经济，反而会为实体经济注入新的活力。

区块链是虚拟世界与现实世界的重要连接枢纽，NFT则是元宇宙经济系统运行的重要载体。元宇宙是一个与现实世界相对应的虚拟世界，作为现实世界的映射，元宇宙的发展、运行也要遵循一定的规则。因为元宇宙是自治的，不受任何个体或者公司的操控，NFT就为盗版问题提供了有效的解决方案。以去中心化网络为基础创建的虚拟货币，凭借稳定、高效、规则透明等特点，为元宇宙的价值归属、流通、变现、虚拟身份认证等问题提供了解决方案。

目前，绝大多数玩家、用户只是在虚拟的网络世界进行娱乐活动，不会在里面真正地生活，度过自己的人生，其原因在于：首先，用户在虚拟世界获取的资产无法在现实世界流通，无法用来购买现实世界中的物品与服务；其次，用户在虚拟世界获取的资产本质上不属于自己，而是掌握在运营商手中。只要运营商关闭系统，资产就会随之消失。

区块链很好地解决了这两个问题，为元宇宙的进化、发展奠定了良好的基础。

首先，区块链正在不断完善经济体系，让资产可以同时在虚拟世界与现实世界流通。

其次，区块链实现了去中心化，不受某个个体或者公司的控制，保证了资产安全。

NFT凭借独一无二、不可复制、不可拆的特性，可以用于记录数字资产，并开展交易活动。在区块链上，数字加密货币可以分为两大类：一类是原生币，典型代表如比特币、以太币等，拥有自己的主链，通过链上交易维护账本数据的安全；另一类是依附于区块链的代币，使用智能合约记录账本数据、保证数据安全，典型代表如依附于以太坊发布的Token。

代币又可以细分为两类：一类是同质化代币，即FT（Fungible Token），彼此之间可以相互替代，可接近无限拆分Token。例如比特币，无论掌握在谁手中，本质上都没有任何区别，这就是同化。另一类是非同质化代币，即NFT，是唯一、不可拆分的Token，例如加密猫、Token化的数字门票等。NFT就像带有编号的人民币，不存在两张编号相同的人民币，也不存在两个完全一样的NFT。

这样一来，NFT就提供了一种标记原生数字资产所有权的方法，这是其相较于FT的独特之处。凭借独一无二、不可复制、不可拆分的特性，NFT拥有了收藏属性，可以用来记录和交易数字资产，例如游戏道具、艺术品等。在NFT的支持下，元宇宙中的玩家可以生产虚拟产品并交易，如同在现实世界中一般。也就是说，NFT可以脱离游戏平台，用户可自由交易。

NFT可以将用户在元宇宙中的权利实体化，程序可以通过识别NFT来确认用户的权限。未来，NFT将成为虚拟世界确权的凭证，促使虚拟世界的权利实现去中心化转移。在NFT的支持下，虚拟产权交易无须在第三方机构登记，为产权转移与行权提供了极大的方便。另外，因为资产流转不需要第三方参与，所以极大地提高了数据资产交易流转的效率。

05 多元化的元宇宙文明生态

所有新的内容场景实质上都是元宇宙在发展的过程中所进行的探索，而其最高级的形态则是形成多元化的元宇宙文明生态。

广义上的"文明"指的是人类社会在漫长的发展过程中所积累下来的能够被大多数人所认可和接受的人文精神与发明创造的综合，也是人类社会进化到较高的阶段后所呈现出来的状态。文明生态则囊括不同的自然行为和社会行为，比如语言、文字、工具、宗教、家庭以及国家等。

同样，元宇宙作为一个与现实世界相映射的虚拟空间，我们也可以对其发展趋势进行设想：未来，元宇宙的用户如同生活在其中的居民，可以根据需要设立相关的规则，创造出丰富的数字资产，也可以建立社群等不同的组织结构，并最终演化为一种文明生态，就如同华夏文明、阿拉伯文明一般。

不同的元宇宙有可能映射不同的物理世界的文明形态，支持用户体验不同的人生。文明是人类社会行为和自然行为的总和，不同的元宇宙有可能形成不同的文明形态，例如Roblox形成了自己的文明体系，用户可以在里面生活，多名用户可以形成一个社区，多个社区可以组成一个城市，大家遵守各种规则共同生活，最终演化成一个文明社会。

元宇宙中存在不同的文明形态体现了现实世界文明的复杂性。也就是说，在现实世界中，每个人都具有多面性，在不同的场景中可能会有不同的行为。在元宇宙中，人们以虚拟形象生活、工作、学习、娱乐，可能会释放出完全不同的自己，体验到不同的人生。

随着元宇宙概念逐步落地，人类也能获得自我认知的新视角。届时，将可利用5G、AI、区块链等技术，基于人类的想象力，构建一个全新的数字化空间。关于元宇宙，我们可以从以下几个方面进行设想：

- 个体的真实身份与虚拟身份有何关联，是否能自如地进行转换？
- 元宇宙中的经济系统如何与现实世界中的经济系统并行存在？
- 个体存在的形态是"人"还是其他，存在的意义又是什么？
- 元宇宙世界的规则、道德等是否与现实世界完全割裂？

此类问题所探讨的已经不仅仅局限于与元宇宙相关的技术，更涉及元宇宙的商业模式以及文明生态。

经过农业文明、工业文明后，我们已经逐渐步入一个数字文明时代，而数字文明所能够给人类带来的不仅有新的技术、理念或商业模式，还包括经济的转型和社会的变革。以元宇宙为例，假设其应用于医疗健康领域，能够为医疗资源不均衡的问题提供有效的解决方案；假设其应用于工业生产领域，能够极大降低工业领域安全事故的发生率。虽然目前元宇宙尚未实现，但元宇宙可能带来的多种问题及其将建立的文明生态使所有入局者都不得不慎重思考。

第3章
数字跃迁：通向元宇宙的技术路径

01 网络环境：元宇宙的通信基础

元宇宙的技术架构包括五大层面，分别是网络环境、虚拟界面、数据处理、认证机制与内容生产，如表3-1所示。

表3-1 元宇宙的技术架构

技术架构	具体内容
网络环境	XR设备的分辨率可以达到4K及以上，刷新率可以达到120 Hz及以上，并且网络延迟极短，可以满足人们对沉浸感的要求，这些需要依赖高带宽、低延迟、低能耗的5G或者6G通信技术实现
虚拟界面	元宇宙需要依赖VR、AR、MR等技术增强沉浸感与拓展性
数据处理	人工智能可以满足元宇宙内的海量内容生产、内容呈现与审查需求，云计算可以满足图形实时渲染需求
认证机制	凭借区块链去中心化网络，元宇宙可以解决价值归属与流通变现等问题
内容生产	凭借数字孪生体系，元宇宙可以获得丰富的拟真环境

VR/AR 技术的快速发展一方面助推行业巨头引领整个行业向前发展，另一方面也给现有的网络基础设施带来了新的挑战。根据 VR/AR 对网络带宽的要求，可以将网络基础设施分为四种类型，分别是初级沉浸（Entry-level Immersion，EI）、部分沉浸（Partial Immersion，PI）、深度沉浸（Deep Immersion，DI）与完全沉浸（Fully Immersion，FI），如表 3-2 所示。

表 3-2　VR/AR 对带宽、延迟需求与 4G/5G 的对比

	视频分辨率门槛	典型带宽需求	MTP 时延
初级沉浸	全视角 4K、2D 视频	20～50Mbps	<40ms
部分沉浸	全视角 8K、2D 视频	50～200Mbps	<30ms
4G		100Mbps	10ms
深度沉浸	全视角 12K、2D 视频	200Mbps～1Gbps	<20ms
完全沉浸	全视角 24K、2D 视频	2～5Gbps	<10ms
5G		1～20Gbps	≤1ms

在 4G 网络环境下，可以实现初级沉浸与部分沉浸；在 5G 网络环境下，可以实现深度沉浸与完全沉浸。目前，凭借我国在 5G 领域的领先优势，国内运营商开始加速推进 10G PON 的渗透，将室内宽带传输速率提升至 1 Gbps，为 VR/AR 在室内应用创造良好的网络环境。随着千兆光网等网络基础设施的覆盖范围不断拓展，用户体验持续提升，VR/AR、超高清视频等应用将融入生产生活的各个场景，逐渐形成最具代表性的千兆应用模式。

VR 云化（Cloud VR）指的是将云计算、云渲染等技术融入 VR 业务，

利用高速率、低时延、高稳定性的5G网络或者全光网的千兆级家庭宽带，将关键数据上传至云端，利用功能强大的硬件对其进行处理，输出音视频信号，经编码压缩后传输至设备端，通过VR头显呈现出来。

VR云化具有三大优点：第一，数据处理以及渲染全部在云端完成，用户无须拥有高端设备，降低了使用成本；第二，VR云化消除了设备与终端之间的连接线，云端渲染降低了对设备性能的要求，使得VR头显可以轻量化，极大地提升了用户体验；第三，VR云化可以对各种生态要素进行整合，做好VR内容版权保护。

基于这三大优点，VR云化吸引了很多企业关注。目前，中国移动、腾讯、中国电信以及华为、视博云等企业正在围绕VR云化开发相关产品。

02 虚拟界面：从XR到元宇宙

XR有三大核心技术，分别是和VR、AR和MR。其中，VR和AR被视为元宇宙连接人们生活的载体。

VR指的是利用计算机等新一代信息技术对现实世界进行虚拟再造，支持用户与现实世界进行实时交互，可以带给用户封闭式、沉浸式体验。VR技术需要辅之以头显、定位追踪设备、动作捕捉设备、交互设备等发挥作用。其中，VR头显是一种头戴式设备，通过封闭视觉与听觉封闭人对外界的感知，让人在虚拟环境中产生身临其境感。用户戴上VR头显之后，左右眼可以看到不同的图像，这些图像信息经过神经传输至大脑，从而产生立体感。目前，VR头显有三种类型，分别是外接式头显、一体式头显、手机盒子头显。

定位追踪设备与现实生活中的某个物体绑定之后，可以对物体位置进行追踪。例如，在球棒、球拍、球杆、座椅等物体上绑定HTC VIVE追踪器，就可以将其带入VR环境。

动作捕捉设备利用传感器捕捉人手指关节的各种动作，从而在虚拟现实世界中开展精准交互。Dexta Robotics研发了一款动作捕捉器——Dexmo，不仅可以做出抓握动作，还可以利用触感反馈系统让用户感受到抓握物体的物理属性，例如硬度、大小、形状等。

目前，市面上大多数虚拟现实头显仍专注于视觉与听觉的虚拟体验，只有一小部分产品可以实现虚拟与现实的交互。例如，VR跑步机Virtuix Omni可以将用户的运动数据同步反馈到实际游戏中，实现虚拟与现实的交互；特斯拉VR触觉动捕服Teslasuit则可以让用户在游戏中产生身临其境感，如微风的拂面感、中弹的冲击感等。

也就是说，迄今为止，VR的应用领域仍集中在游戏与视频等泛娱乐化场景中。受新冠肺炎疫情的影响，2020年以来，Steam平台VR活跃用户比例持续攀升。同时，《生化危机》《星球大战》《行尸走肉》等游戏也发布了VR版本，一些大型体育赛事也开始尝试通过NextVR-VR直播平台推出VR直播，国内一些视频网站也开辟了VR栏目，例如爱奇艺。

以游戏为原点，VR的应用场景不断拓展，逐渐涵盖了一些社交场景。例如，2020年，Facebook打造的VR社交平台Horizon完成了内测。除社交场景外，VR也开始向教育和培训领域拓展。例如，东方时尚驾校采购了一批VR驾驶员培训模拟设备，用来辅助教学。在商用办公领域，Facebook推出Infinite Office，将键盘接入VR世界，支持用户在键盘上打字办公，赋予VR设备一定的生产力。除此之外，还有企业推出了VR看房、VR看车、VR电商、VR广告、VR实训等业务与活动，极大地拓展了VR的应用领域。

AR是一种融合了真实场景与虚拟场景的信息技术，可以增强现实体验感，让用户即便处在虚拟世界也会产生"真实"的感觉。MR与此类似，不同之处在于，MR更强调虚拟与现实之间的切换。近几年，AR、MR与VR一样，都吸引了很多公司的关注，出现了一些代表性产品，例如微软公司的HoloLens 2增强现实眼镜、头显制造公司Meta的Meta 2增强现实眼镜，这两款产品可以帮用户"看到"虚拟信息与真实世界融合之后的场景。

相较于VR，AR和MR的应用范围更广。例如，工人可以利用AR或MR软件对产品进行扫描，判断产品的规格、尺寸是否与模型相符；部队可以利用AR或MR软件标注出特定目标，例如敌军、敌军车辆、平民等，尽量减小伤亡；外科医生可以利用AR或MR软件在手术中识别器官与组织，提高手术的成功率。另外，在AR技术的支持下，人们可以在家中试穿衣服，尝试不同的妆发；在实体店购物的过程中，人们看到喜欢的商品可以立即获得商品信息，决定是否购买，使生活的便捷化程度得到大幅提升。

03 数据处理：AI算力基础设施

在元宇宙中，算力是一项基础设施，为元宇宙内的图像内容、区块链网络、人工智能技术的应用提供了强有力的支持。

只有在算力的支持下，元宇宙内的图像内容才能显示出来。元宇宙内的图像显示需要通过计算机绘图来实现，而计算机绘图要将模型中的数据渲染到画面的每一个像素，计算量非常大。目前，用户看到的3D画面大多由多边形组合而成，画面中人物所做的每一个动作都是根据光线的变化，结合计算机的计算结果实时渲染出来的。整个渲染过程要经过五个阶段，分别是顶点处理、图元处理、栅格化、片段处理以及像素操作。

元宇宙内虚拟内容的创作与体验、更真实的建模与交互都离不开算力的支持。而算力的发展在很大程度上受益于游戏。游戏用户不仅追求高画质，而且对设备的算力提出了较高的要求，这就促使游戏与显卡的发展呈现出"飞轮效应",为元宇宙虚拟内容的创作构建了良好的软硬件基础。

在算力的支持下,AI技术能够为内容创作提供强有力的支持。元宇宙的构建需要创作大量类型丰富、质量较高的内容,而专业创作的成本超出了大多数公司可承受的范围,一个3A大作[①]可能需要一个几百人的团队耕耘数年,UGC平台的内容创作成本虽然低,但质量得不到有效保证。在这种情况下,人工智能辅助内容创作成为大势所趋。人工智能参与内容创作之后将改变内容创作者的结构,真正实现内容创作民主化。

人工智能辅助创作工具可以将高级指令转换为生产结果,自动完成编码、绘图、动画等工作,让每个人都有可能成为内容创作者。另外,元宇宙内部还会有NPC(Non-Player Character,非玩家角色)参与社交活动,这些NPC拥有沟通能力和决策能力,他们的社交活动会进一步丰富元宇宙中的内容。

目前,区块链有一种广泛应用的共识机制——PoW(Proof of Work,工作量证明),这种机制需要借助算力来实现,通过算力付出的竞争来决定胜负准则,从而减少浪费。为了维护网络的可信度与安全性,需要在PoW共识机制的约束下对作恶节点进行监管与惩戒,防范恶意攻击。

---

① 3A大作一般指高成本、高体量、高质量的游戏。

04 认证机制：虚拟数字资产及交易

区块链构成了元宇宙数据和信息底层的基础。

区块链是一种全新的分布式基础架构与计算范式，利用块链式数据结构对数据进行验证，利用分布式节点共识算法对数据进行更新，利用密码学保证数据安全，利用智能合约对数据进行编辑、控制。严格来讲，区块链不是一种新技术，而是多项现有技术的集合，具体包括以下几种：

- 共识机制：区块链常用的共识机制包括PoW、PoS（Proof of Stake，权益证明）、DPoS（Deposit-based Proof of Stake，股份授权证明机制）、PBFT（Practical Byzantine Fault Tolerance，拜占庭容错机制）、Paxos[①]、DPoP（Delegated Proof of Participation，委托参与度权益证明机制）等。因为区块链系统是一个分布式系统，没有中心，因此需要预先设定一个规则，指导各个节点在数据处理方面达成一致协议，严格按照协议进行数据交互。

- 密码学技术：密码学技术是区块链的一项核心技术。目前，区块链应用的密码学算法主要包括哈希算法、对称加密、非对称加密和数字签名等。

---

① 莱斯利·兰伯特（Leslie Lamport）在1990年提出的一种基于消息传递的一致性算法。

- 分布式存储：区块链作为一种分布式账本，每个节点都可以独立且完整地存储区块数据信息。相较于传统的中心化存储，分布式存储有两大优势：第一，每个节点都备份了数据信息，避免因为单点故障导致数据丢失；第二，每个节点上的数据都独立存储，可以有效防止数据被恶意篡改。

- 智能合约：借助智能合约，用户可以在没有第三方的情况下开展交易活动，只要一方完成了协议约定的目标，交易就会自动执行，整个交易过程可以追踪，而且不可逆转。

NFT构成了元宇宙存储数据的基础。如前所述，区块链上有两种数字货币，一种是原生币，另一种是代币。代币可以分为两类，一类是同质化币，另一类是非同质化币。非同质化币不可互换，每一个都独一无二。2021年3月11日，世界著名艺术品拍卖行佳士得以NFT形式拍卖了一幅NFT作品——《每一天：前5000天》(*Everydays：The First* 5000 *Days*)，起拍价100美元，成交价6934.6万美元，折合4.5亿元人民币，超出了很多人的意料。

为了规范同质代币的创建和交易，ERC20标准出台。这个标准对代币总量、名称、转账功能等事项做出了规定，代币之间可以相互替换。在游戏中，玩家可以用同质代币代替货币金币进行转账，金币的价值相同而且可以分割，但游戏道具与皮肤的属性不同，售价也不同。

为了规范非同质代币的创建和交易，ERC721标准出台。这个标准反映的是不可替代代币所有权的标准，表示每个代币都具有唯一性。非同质代币与同质代币的不同之处在于，非同质代币的最小单位是1，没有小数点，不可分割。

ERC721标准对智能合约必须实现的最小接口做出了定义，支持对唯一令牌进行管理、交易，每个代币都拥有唯一的标识，相互之间不可替代，这种特性使得数字资源具有了稀缺性。ERC721标准没有规定令牌元数据必须有标准，也没有对补充功能的添加提出限制性条件。

全球最早的NFT项目诞生于2017年，是一款名为"加密猫"（Crypto Kitties）的游戏。在这个游戏中，一只猫就是一个NFT代币，它们拥有专属的标识和基因，具有唯一性，不可复制、带走，更不可以销毁，并且每只猫都有指向的所属权。

05 内容生产：数字孪生与体素建模

数字孪生就是参照现实世界的物体在虚拟空间创建一个动态孪生体。在传感器的作用下，本体的运行状态、外部环境数据都可以实时映射到数字孪生体上。作为一项主要应用于工业领域的技术，数字孪生应用于元宇宙，可以为其创建更丰富、更逼真的环境，营造沉浸式的体验。

UGC（User Generated Content）意为用户生成内容，是元宇宙内最主要的内容生产方式。目前，元宇宙的内容生成方式主要是三维建模，虽然这种方式可以构建非常逼真的模型，但只能在二维视觉上产生三维的效果，而且无法分割，不适合用来构建元宇宙。并且，三维建模的技术门槛和成本较高，不适合普通用户使用，而且无法满足元宇宙世界中内容生成的易用性需求。

借助体素建模，人类可以构建一个与真实的宇宙法则无限接近的元宇宙。在体素建模的过程中，方块是最小的单位，属性相同的方块可以看作FT，不同数量与属性的FT按照不同的排列方式进行组合形成NFT，这些NFT相互嵌套形成新的NFT。FT与NFT既相互对立，又彼此统一，这是体素建模模仿真实的宇宙法则的基础，因为在这种特性的支持下，每个方块都可以单独改变，而且可以随着时间的推移做出一些细微的调整。

虽然从视觉效果方面看，体素建模创造的世界比不上现实世界，但通过提升方块的分辨率可以呈现出更逼真、更立体的视觉效果。提升方块分辨率的主要方式就是缩小方块的体积，增加同一模型下方块的数量，这样就可以创造出更加精致的画面。除了提升方块的分辨率，利用光线追踪等技术对画面进行渲染，同样可以创造近乎真实的图形及光影效果。当然，这对硬件设备的存储能力与算力提出了较高的要求。因为体素建模搭建的是一个三维立体的世界，搭建方式犹如在现实世界中盖房子，使得用户可以像在现实生活中一样，在虚拟世界里穿梭并进行创作。

第二部分
产业篇：元宇宙的生态图谱

第4章
生态全景：元宇宙产业链的七个层次

01 体验："非物质化"的虚拟世界

元宇宙不是一种具体的应用或者技术，而是一个生态系统，一个虚拟的环境，这个环境与现实环境相似，可以支持人的成长与发展。总而言之，元宇宙的内涵非常丰富，元宇宙的创建将对各行各业产生深刻影响，这种影响最直接的表现就是颠覆旧行业，催生新行业。

元宇宙所涉及的价值链涵盖了人们寻求的各种交互体验，以及满足这些体验需要用到的各种技术。元宇宙在创建过程中被注入了现实世界的运行逻辑，这样一来，元宇宙就变成了嵌有情感需求以及自由市场的数字世界，元宇宙的运行逻辑可以概括为"数字个体+社会逻辑+经济逻辑"。

元宇宙可被视为一个与现实世界相对应的镜像世界，目前，元宇宙的布局主要是围绕游戏、社交、创作等进行的。Beamable公司创始人Jon Radoff认为元宇宙价值链应该包括七个方面的内容，分别是体验（Experience）、发现（Discovery）、创作者经济（Creator Economy）、空间计算（Spatial Computing）、去中心化（Decentralization）、人机交互（Human Interface）、基础设施（Infrastructure）。凡涉及这些领域的企业在布局元宇宙方面都具有天然优势。

下面，我们对元宇宙产业链中的体验层进行具体分析。

很多人认为元宇宙是一个三维空间，但实际上，元宇宙会打破很多人的认知，它既不是3D空间，也不是2D空间，甚至不是具象的——元宇宙，而是对现实空间、距离及物体的"非物质化"。

目前，游戏是元宇宙最主要的表现形式，例如主机游戏《堡垒前线》、VR设备终端的《节奏光剑》、电脑端的《罗布乐思》等。此外，还出现了语音助手Alexa、办公套件Zoom、音频社交平台Clubhouse以及Peloton等众多应用。

现实空间"非物质化"可以让用户轻而易举地获得之前不容易获得的体验。在这方面，游戏是一个典型代表。在游戏中，玩家可以成为任何一个角色，如明星、赛车手、侠客、武士、神仙等。这种体验可以延伸到现实生活的各个场景，例如，演唱会的前排座位体验较好，但不是所有人都能够买到，但在虚拟世界，人可以生成个性化影像前往演唱会现场，无论在哪个位置都能获得最佳的观看体验。

未来，游戏会涵盖更多生活娱乐要素，例如音乐会、戏剧等。目前,《堡垒前线》《罗布乐思》和"Rec Room"等游戏正在向着这方面努力。加入这些娱乐要素之后,无论游戏,还是线上社区都会变得更加完善。同时,游戏还将延伸到旅游、教育等行业,利用虚拟经济的逻辑对这些行业进行重塑。

上述生活场景要素构成了元宇宙体验层的另一个内容——内容社区复合体。过去,用户只是内容的消费者。在元宇宙,用户的角色发生了改变,成为内容的生产者与传播者。过去,短视频、微博等平台总会强调一个概念——用户生成内容。但在元宇宙,用户生成内容的方式变得多元化,用户可以主动创造内容,用户互动也会产生内容,这些内容又会对用户在社区内的对话产生影响,最终达到内容产生内容的效果。因此,元宇宙中的沉浸感指的不只是三维空间或者叙事空间的沉浸感,还包括社交沉浸感及其引发互动、推动内容产出的方式。

02 发现:构建元宇宙社区生态

发现层的主要功能是将人们吸引到元宇宙。作为一个巨大的生态系统,元宇宙内存在诸多商机,可以被企业发掘、利用。从广义上看,发现系统包含两大机制:

(1)主动发现机制

主动发现机制就是用户主动寻找,主要包括实时显示、社区驱动型内容、应用商店、内容分发、搜索引擎、口碑媒体、多数好友在用App等。

（2）被动输入机制

被动输入机制就是在用户没有提出明确需求的前提下，把内容推送给用户，主要包括显示广告、群发型广告投放、通知等。

互联网用户对上述内容比较熟悉，所以会聚焦发现层的几个构成要素。对于元宇宙来说，这些要素非常重要。

首先，相较于其他营销形式来说，社区驱动型内容的成本效益更明显。当人们将关注点放到他们所参与的活动上时，就会主动传播这个活动。在元宇宙的语境中，如果内容本身容易交换、分享，就会成为一种营销资产。在这方面，NFT就是一种已经出现并成形的技术，这种技术有两个优势：第一，可以比较容易地在中心化交易所交易；第二，赋能于直接创作者参与的经济体系。

其次，作为一种发现手段，内容市场会替代应用市场。作为浏览社区的一种主要形式，实时显示功能会聚焦当下人们的动向。在元宇宙中，这一点非常重要。一些游戏平台就利用了实时显示功能，例如Steam、战网、Xbox Live和Play Station等。在这些游戏平台，玩家可以查看好友最近的游戏记录。Paul Davison和Rohan Seth共同开发的主打即时性的音频社交软件Clubhouse则展示了另外一种可能性，即用户的关注列表会在很大程度上决定用户会进入哪个房间。

正如使现实世界非物质化一样，元宇宙也在努力地将社会结构数字化。互联网早期阶段是围绕几个单体供应商的社交媒体黏性定义的，在去中心化的身份生态系统的作用下，群体可以掌握权力，用户可以在共有体验中实现无缝切换。具体来看，Clubhouse的创建房间、Rec Room的"开趴"，就是让用户在不同的游戏间切换，和朋友一起体验不同的乐趣，这就是内容社区复合体在营销领域的重要应用。

对于创作者来说，元宇宙发现层最重要的功能就是"多种活动的实时存在查看功能"。例如，游戏商店Discord的SDK（Software Development Kit，软件开发工具包）可以应用于不同的游戏环境。如果大范围使用这个应用，就可以将非即时性的社交网络转变为实时的社交活动。赋予社群领导者一定的权限，让社群领导者发起活动，或将成为一种潮流。

03 创作者经济：技术引爆创意革命

在元宇宙，不仅用户可以享受到具有沉浸感、社交性和实时性的体验，创作者的数量也会呈指数级增长。创作者经济层包含所有用来制作人们喜欢的体验的技术，可以供创作者取用。早期的创作者经济模式比较固定，在后续发展的过程中会慢慢丰富。

具体来看，元宇宙创作者经济层的发展会经历三个时代，分别是先锋时代、工程时代和创作者时代。

◆ 先锋时代

先锋时代也就是从零开始的时代，在这个时代，创作者没有任何工具可用，只能自主创造。例如，利用HTML编码创造第一家网站，为购物平台写入购物车程序，程序员直接将代码写入游戏与显卡设备，等等。

◆ 工程时代

经过先锋时代，创作者取得初步成功后，创作者队伍的成员数量会迅速增长。从零开始创建不仅流程烦琐、效率较低，而且成本较高，无法满足用户需求。在这种情况下，早期开发者就会向工程师提供SDK和中间件，以缩短开发流程，减轻工程师的工作量。

例如，目前最有效率的Web框架之一Ruby on Rails就可以让开发人员轻松地创建数据驱动的网站。在游戏领域，OpenGL和DirectX等图形库可以帮助程序员快速完成3D图形渲染，极大地减少了程序员的工作量。

◆ 创作者时代

进入创作者时代，创作者的数量呈指数级增长。在这个阶段，设计师与创作者都不希望因为编码问题浪费时间、降低效率，编码人员则希望获得其他的发挥空间。借助丰富的工具、模板和内容市场，创作者将重新定义开发过程，即颠覆传统的自下而上、以代码为中心的开发过程，将其转变为自上而下、以创意为中心的开发过程。

在这个阶段，用户可以在不了解代码的情况下几分钟内在Shopify中启动一个购物网站。网站可以在Wix或Squarespace中创建和维护，3D图形可以利用Unity和Unreal等游戏引擎制作。

在元宇宙中，这些体验将变得越来越生动，更新速度也将越来越快。到目前为止，元宇宙中创作者驱动的体验都是借助Roblox、Rec Room和Manticore等平台实现的。这些平台拥有完整的工具体系，具备发现、社交网络和货币化功能，为用户创造体验提供了强有力的支持，使得创作者群体迅速壮大。

04 空间计算：数字孪生的镜像世界

空间计算层消除了真实世界和虚拟世界之间的边界，使得二者相互融合。如果条件允许，机器中的空间与空间中的机器将相互渗透，这就意味着创作者可以将空间带入计算机，创作者设计的系统可以突破屏幕与键盘的束缚。

空间计算技术可以参照现实的物理世界构建一个数字孪生世界，将现实的物理世界与数字的虚拟世界连接在一起。元宇宙中的每个原住民都可以参与数字世界的构建，他们既是建造者，也是使用者，每个人都能为元宇宙的发展贡献自己的力量。总之,空间计算技术可以实现数字世界和现实世界的无缝对接,让两个世界可以相互感知和理解。空间计算层包括3D引擎、VR/AR/MR、语音与手势识别、空间映射、数字孪生等技术。

以2D/3D游戏引擎Unity为例,目前,Unity支持开发的主流平台超过了20个,包括手机、PC、Switch、PS5、Xbox等。自诞生以来,Unity一直致力于维护这些平台的更新,以便开发者将开发的游戏发布到任何一个平台。其中,XR领域的很多主流开发平台都对Unity开放,包括VR领域的Oculus、Windows Mixed Reality、Steam VR,AR领域的ARCore、ARKit,MR领域的HoloLens、Magic Leap等。

随着数字孪生技术的不断发展,物联网的连接对象覆盖了实物及其虚拟孪生,促使实物对象空间与虚拟对象空间不断融合,创建了一个虚实混合空间,物联网也将发展成新一代数字孪生网,成为整个元宇宙的核心。

随着VR技术的不断发展,用户需求持续升级,虚拟现实技术的应用范围将拓展到各行各业,在新的媒介感知、新模式中得到广泛应用。在此形势下,虚拟现实终端将逐渐变得多元化,也将相互融合。VR将成为一个全新的热门消费领域,让用户体验到更加场景化的社交活动、更具沉浸感的娱乐活动，以及体验感更优的购物活动。随着技术的不断发展，数据积累越来越多，数字孪生应用将不断升级，让每一位用户都拥有随时可触达的数据交互与决策能力，让每一位普通用户都能如同专家一般。

总而言之，元宇宙想要将虚拟世界与现实世界连接在一起，数据发挥着至关重要的作用。因为虚实结合的技术要以大数据为基础，与人工智能技术紧密结合，以增强真实感。元宇宙需要充分发挥互联网、物联网和大数据的优势，利用物理网传感器收集各类信息，增强用户的互动感与体验感。

05 去中心化：区块链、DeFi与NFT

区块链技术为元宇宙基础设施建设提供动力，是一个不可缺少的工具。这个想法的实现依赖于社区驱动的数字产品，在那里收获去中心化的经济，并让玩家感觉他们可以控制他们在去中心化的开源世界中所做的事情。

区块链技术可以打造一个去中心化的清结算平台，创建价值传递机制，明确元宇宙的价值归属问题，创建一个稳定、高效的经济系统，提高规则的透明度，保证各项规则均可落地执行。去中心化的虚拟资产可以脱离内容，实现跨平台流通，具备真实资产的部分功能，变得更加

"真实"。

未来，区块链技术可能成为构建元宇宙的底层技术，将在元宇宙创建过程中发挥作用，具体如表4-1所示。

表 4-1　区块链技术赋能元宇宙

区块链技术	主要作用
链上治理	在DAO（Decentralized Autonomous Organization，去中心化自治组织）的作用下，社区可以掌握生态系统的管理权。系统规则记录在区块链的智能合约中，DAO成员可以通过更新代码来修改规则，或者根据自身持有的代币数量（即享有的投票权）提出修改申请
层级分布	从架构上来讲，元宇宙可以划分为多个层级，层级划分可以在区块链上实现，以保护生态系统的安全，缩短网络延迟
无须许可的身份	这一功能使每个人都可以享受元宇宙的开放网络
增强去中心化经济	元宇宙的一个重要特征就是去中心化，区块链可以为元宇宙提供完整的去中心化基础设施
互操作性	元宇宙是一个无限的空间，区块链可以将几个不同的元宇宙连接在一起，支持用户开展多方谈判与商品交换

在区块链技术的支持下，金融资产无须再接受集中控制与托管，这一点已经在DeFi（Decentralised Finance，去中心化金融）中得到证实。2021年8月，OpenSea（一个去中心化资产交易平台）在以太坊实现了34亿笔交易，并展示了几种NFT的价格，使得以太币价格上涨。因为大部分NFT产生于以太坊区块链，所以，随着NFT受到的关注越来越多，价格不断攀升，ETH也会随之出现。

在元宇宙的各项构成中，NFT和加密货币扮演着非常重要的角色，它们是去中心化经济、数字商务开展的重要基础。例如，所有类型的

NFT都在Decentraland[①]交易。迄今为止，游戏领域最大的虚拟现实地产交易就发生在Decentraland，2021年6月，Decentraland上的一块土地卖出了100万美元。

NFT具有收藏性，这是它的独特之处。基于这一特性，内容创作者可以为其设定价值。NFT是具备了区块链标准的独特数字作品，可以保证产品独一无二。ERC-721是以太坊区块链发布的第一个代币标准，每个标准都可以作为跟踪资产所有权的智能合约。随着竞争愈演愈烈，为了在NFT市场占据一定的份额，其他协议也推出了自己的标准，例如Binance Smart Chain、Solana或Avalanche等。

随着NFT和区块链的出现，以去中心化市场和游戏资产应用程序为核心的创新活动将大量涌现。在Far Edge计算的支持下，云计算可以在住宅、车辆等领域广泛应用，降低网络延迟，为功能强大的应用程序的运行提供强大的网络支持，并且不会增加设备的工作负担。

06 人机界面：革命性的交互体验

在人机界面层，微机设备将与人类躯体紧密结合，人体将逐渐具备类似半机械人的结构。以Facebook推出的无线VR头盔Oculus Quest为

---

① Decentraland创立于2017年9月，是一个由区块链驱动的虚拟现实平台，也是第一个完全去中心化、由用户拥有的虚拟世界。

例，这款头盔可被视为一个被重构为VR设备的智能手机，解放了用户的双手。解除这种束缚可能成为智能产品未来的发展方向。继VR头盔之后，人们可能很快就会拥有具备智能手机所有功能以及VR/AR应用程序的智能眼镜。

VR技术是接通元宇宙和现实世界的桥梁，是实现元宇宙沉浸感的关键。VR的关键词在于"娱乐体验"，AR则在于"效率提升"。VR会早于AR发展，因为娱乐天然地具备可快速推广的属性，能快速触达更多人群，但随着AR技术的不断完善，AR市场占比也会越来越高。

随着传感器的体积越来越小，边缘计算系统的时延越来越短，在未来的元宇宙中，人机交互设备将承载越来越多的应用和体验。目前，人们普遍将VR/AR头显视为进入元宇宙的终端，将智能可穿戴设备、脑机接口等视为可以提升沉浸感的装备。

脑科学被称为理解自然和人类的"终极疆域"，科学家认为"脑计划"工程的意义远甚于"人类基因组计划"。"脑机接口"就是"脑计划"工程的一项产物，被视为新一代交互式游戏的主要入口。

脑机接口能带给用户的体验感远胜于传统的PC、手机等智能终端设备以及目前正在探索的VR和AR设备。目前，市面上所有的游戏，玩家在游戏中的角色所做的动作都是程序员预先设定好的，例如攻击、跳跃等，玩家通过按键触发预设动作，就可以完成与游戏的交互。在这种模式下，玩家无论使用哪种游戏技能，预设动作都不会改变。

通过脑机接口，玩家可以用意念控制游戏，更自由地操控游戏。在元宇宙中，玩家可以用意念控制身体的每一个部位，程序员不需要再为游戏中的角色预设动作，玩家也可以摆脱预设动作的束缚，享受到更极致的交互体验。

VR眼镜虽然也可以提高玩家的沉浸感，但同时也会让玩家产生晕眩感。因为玩家在游戏中与游戏内的物品发生交互时，会发生视觉与触觉的割裂，从而产生晕眩感。而脑机接口的信号双向传输可以很好地解决这一问题。在脑机接口的帮助下，玩家在元宇宙中与游戏中的物品发生交互时，会产生实际的触摸感，甚至可以感受到物品的重量。

也就是说，脑机接口将现实世界与虚拟世界连接在一起，即便在虚拟世界，玩家也可以用眼睛去看、用手去触摸、用耳朵去听。如果这一设想成为现实，人类在虚拟世界居住也有可能成为现实。

在多形态交互设备、高精度传感器件、多类型终端计算、高质量交互传输、高级智能交互算法和智能感知算法的支持下，脑机接口技术可以从多个维度对元宇宙的发展产生推动作用，包括场景、器件、需求等。

除此之外，还有可能出现其他有创意的产品，例如集成到服装上的3D打印可穿戴设备、可以印在皮肤上的微型生物传感器、消费级神经接口等。

07 基础设施：元宇宙的技术底座

◆网络（通信）

凭借高速率、低时延、广连接的特性，5G可以作为人机物互联的网络基础设施。元宇宙对数据传输能力提出了较高的要求，无论是数据传输规模，还是数据传输的速率以及稳定性。5G网络可以满足上述需求，增强虚拟现实设备的体验感，推动元宇宙发展。

◆芯片（算力）

元宇宙的内容、网络、区块链、图形显示等功能的实现离不开强大算力的支持。在云端算力方面，DPU（Distributed Processing Unit，分散处理单元）芯片可以通过对各种高级网络、存储与安全服务进行分流、加速和隔离，提高云端、数据中心或边缘侧等各项工作的开展效率；在终端算力方面，在异构芯片的支持下，SoC中的CPU、GPU、FPGA、DPU、ASIC等芯片可以协同工作，提高算力，带给用户更优质的体验。

◆云计算与边缘计算

通过云计算与边缘计算，用户可以获得丰富的计算资源，更方便、快捷地进入元宇宙。这里所说的云端主要包括IDC、计算集群，边缘侧主要包括手机、电脑等终端以及Wi-Fi接入点、蜂窝网络基站与路由器等基础设施，二者可以互为补益。

◆ 人工智能

在元宇宙中，人工智能有着广泛应用，包括创建元宇宙资产、丰富元宇宙的内容、改进用来构建元宇宙的软件和流程等。

除此之外，元宇宙的构建还需要更多复杂技术的支持，例如图像处理技术需要持续优化，以提升元宇宙的体验感。随着物联网的应用范围不断拓展，元宇宙的接口可能变得更加多元化，涵盖汽车、家电等领域。

也就是说，元宇宙的创建与发展离不开芯片、通信、VR/AR、AI、区块链等底层技术的发展与成熟。只有在这些底层技术的支持下，元宇宙才能在丰富游戏、娱乐、社交等功能的同时，赋予用户一定的自主权，搭建UGC平台，支持用户创作内容，让用户可以享受到多元化的虚拟体验，这些体验将涵盖游戏、社交、电子竞技、戏剧、购物等方面。

元宇宙在发展过程中几乎集成了所有高新技术。对于元宇宙的发展来说，高新技术的集成为其带来了很多好处，也为其带来了很多挑战。好处在于在这些顶尖技术的支持下，可以创造出超乎想象的关于元宇宙的产品；挑战在于元宇宙的核心价值为体验，如果在技术融合的过程中，有一项技术没有达到预期的体验标准，就会对元宇宙的发展造成沉重打击。

元宇宙集成了很多技术，这些技术的组合呈现出木桶效应。首先，5G等通信技术基本可以满足元宇宙的要求；其次，UGC内容、3D引擎、算力等技术可以满足元宇宙的短期发展要求，并且这些技术会随着元宇宙的发展不断完善；最后，VR/AR等虚拟技术仍需发展，以满足元宇宙发展的基础要求。

目前，元宇宙的产品供给还无法满足用户需求，这一点主要体现在通信与虚拟现实环节。通信环节可以牺牲部分游戏的码率寻找合适的解决方案，而由虚拟现实设备带来近乎真实的体验感需要在顶尖技术的支持下才能实现。

第5章
产业生态：元宇宙时代的红利风口

互联网产业之所以能够在较短的时间内呈现繁荣发展的态势，可以用两个规律进行解释。

- 飞轮效应：处于静止状态的飞轮要转动起来，一开始必须花费很大的力气，但随着飞轮被启动，其转动的速度也会越来越快。当互联网产业发展到生态足够健全和繁荣的阶段，将形成"飞轮效应"，迈入生态自我促进和优质内容自我增值的持续繁荣阶段。

- 网络效应：用户对信息产品的需求的满足程度与使用该产品的用户数量密切相关。当用户规模比较小时，用户不仅获得的信息有限，而且所需的运营成本极高；而随着用户数量增加，网络具有的价值也会呈几何级数增长。

由于与互联网产业具有类似的属性，元宇宙产业的发展也同样适用上述两个规律。当元宇宙领域的内容在质量和品类等维度都已经足够吸引用户后，其也会受网络效应的影响，增长的边际成本不断降低；而随着元宇宙产业的发展，其也会受到飞轮效应的影响，迈入能够快速增值的繁荣发展阶段。

仅凭现有的技术，从目前的互联网迈向元宇宙还需要很长一段时间，但毋庸置疑的是，元宇宙是互联网发展的一个重要方向，拥有广阔的发展空间。在此形势下，全球互联网行业的巨头纷纷开始布局元宇宙，希望获得领先优势，引领互联网未来的发展。

从资本层面来看，元宇宙产业所包含的投资机会主要在三个维度上，如表5-1所示。

表 5-1　元宇宙领域的投资机会

三个维度	具体内容
硬件层面	元宇宙从概念到现实所需的硬件设备，比如VR/AR等
内容层面	比如世界最大的多人在线创作游戏Roblox等，可能在未来引爆元宇宙的内容生态
金融交易层面	元宇宙中经济系统所需的底层支持，比如NFT等

01　硬件层面：从概念到现实的载体

元宇宙想要满足用户对沉浸感的要求，让用户在虚拟世界产生真实的体验感，必须获得高性能硬件设备的支持。也就是说，硬件是元宇宙创建的重要基础。一般来说，硬件可以分为两种类型，一类是通用硬件，另一类是专用硬件。前者主要包括算力和传输网络，后者主要包括VR/AR 设备等。

◆**通用硬件基础**

在元宇宙的通用硬件方面，网络传输的主要功能是降低用户交互时延，让用户获得尽可能真实的体验。目前，网络传输领域最具代表性的技术就是 5G。在算力方面，元宇宙的创建、运行与维护都对算力提出了极高的要求，进而要求提高个人终端的性能及其便携化程度，让个人终端实现并行。随着算力不断提升，云计算的可扩展性也随之得到了提升，可以对算力集群和边缘计算资源进行整合应用，降低个人终端的计算能力门槛。目前，云计算已经在云游戏领域有所应用，未来将为元宇宙的创建提供强有力的支持。

◆**专用硬件基础**

元宇宙专用硬件主要包括 VR/AR 设备和脑机接口设备等，主要功能是增强用户的交互体验感与沉浸感。其中，VR/AR 设备经过多年的发展已经比较成熟，在 3D 电影、3D 演唱会、模拟驾驶训练、线上虚拟旅游等场景中得到了广泛应用。

元宇宙的本质是一个虚拟空间，在这个虚拟空间中，用户以虚拟形象存在其中，并可以与其他用户互动。但用户在元宇宙中的存在和互动需要借助相关的技术和设备实现，VR/AR技术就可以对网络呈现的形态进行塑造。其中，借助VR技术，用户在元宇宙中能够获得与现实世界类似的真实、具体的体验；借助AR技术，元宇宙在与现实世界维持相似的运行模式的同时，二者之间的融合也会更加深入。

另外，元宇宙的发展也必将为VR/AR产业提供更加广阔的发展空间。随着VR/AR相关技术的发展，其技术成熟度会越来越高，可以应用于更多的领域。而技术的成熟也会带动价格的下降，届时VR/AR的用户群体将会更加广泛，其商业价值与互联网的融合也将推动元宇宙时代的到来。

脑机接口技术指的是无须借助语言和肢体等方式，让人脑与电子设备建立直接的信号通道，实现直接交互。因为人通过眼耳口鼻等感官获得的所有信息都要传输到大脑进行加工才能产生感知，从这个角度来看，脑机接口技术让大脑直接与电子设备建立连接，通过对大脑对应区域进行刺激，可以模拟感官体验。

如果脑机接口技术能够成功应用于虚拟现实，极有可能取代VR/AR设备成为元宇宙时代联通现实世界与虚拟世界的最佳设备。基于这一设想，脑机接口技术吸引了很多企业进行布局，包括埃隆·马斯克的 NeuraLink、Kernel、Mindmaze 等，相关技术仍处在实验阶段。

02 软件层面：元宇宙底层技术基石

◆区块链

在元宇宙的底层技术中，区块链是一项比较重要的技术。这里所说的区块链指的是非常底层的概念性分类，即公有链、联盟链、私有链。正是在这些底层技术的支持下，区块链才形成了基础应用，才有了广阔的应用空间。

在上述三种区块链技术中，公有链面向所有人开放，允许所有人参与；联盟链只面向特定的组织和团体开放；私有链只面向个人或企业开放。也就是说，公有链、联盟链、私有链这三项技术的包容性依次递减，它们是所有区块链技术的基础。

区块链应用于元宇宙构建的核心优势在于去中心化、不可篡改，所以可以用来传递价值与权益，因此，区块链又被称为价值互联网，赋予了元宇宙更多价值以及更强烈的真实感。

◆游戏化

（1）游戏引擎

游戏引擎指的是已经编写好的可编辑的电脑游戏系统，或者一些交互式实时图像应用程序的核心组件，主要由渲染引擎、物理引擎、碰撞检测系统、音效、脚本引擎、电脑动画、人工智能、网络引擎以及场景管理等构成。

在元宇宙中,游戏引擎影响的是图像部分,直接决定着图像的呈现效果以及用户体验的真实感。目前,一些电影里面的特效可以达到以假乱真的效果,而这些特效就是特效公司的技术人员投入大量时间与精力做出来的。

随着游戏引擎的不断发展,游戏画面也可以达到以假乱真的效果。未来,人们借助VR设备进入元宇宙,可能会看到堪比电影特效的场景。在这些场景中,眼睛可能受到欺骗,使人误以为这就是真实的世界,从而产生极其强烈的真实感。

(2)实时渲染

实时渲染是与游戏引擎相关的一项技术,是一种渲染技术。渲染指的是处理器对需要计算的画面信息进行计算,并绘制在显示屏幕上的过程。简单来说,渲染就是让计算机画出需要的画面。除实时渲染外,还有一种渲染方式叫作离线渲染。

离线渲染指的是处理器计算画面与画面显示不同步进行,处理器先按照事先设定好的光线、轨迹进行渲染,渲染之后再连续播放,以达到动画效果。实时渲染指的是处理器计算画面与画面显示同步进行,在这个过程中,技术人员可以实时操控,保证画面渲染效果,这种方式对系统负荷能力要求较高。很多时候由于系统负荷能力有限,技术人员不得不降低对渲染效果的要求。

（3）建模技术

元宇宙的创建离不开建模技术和建模软件的支持。

在2021年4月英伟达举办的发布会上，公司创始人兼首席执行官黄仁勋真人出镜对产品进行介绍，但在介绍过程中，有15秒的时间真实的黄仁勋消失了，站在那里的是通过NVIDIA Omniverse平台渲染出来的"虚拟老黄"。这场发布会让人们看到了NVIDIA Omniverse平台以假乱真的能力。

NVIDIA Omniverse是英伟达发布的一个计算机图形与仿真模拟平台。2021年8月10日，英伟达宣布NVIDIA Omniverse将通过与Blender和Adobe集成来实现大规模扩展，面向数百万新用户开放。

（4）人工智能

作为一项用于模拟、延伸、扩展人类智能的理论、方法与技术，人工智能涵盖的技术种类非常多，几乎适用于所有学科，是元宇宙创建与运行的一项关键技术。前面提到的实时渲染就需要借助人工智能技术来实现。在元宇宙中，人工智能技术的应用范围极广，甚至达到了无所不在的程度。但这里，我们重点讨论人工智能在丰富元宇宙方面的能力。

一方面，在元宇宙构建过程中，人工智能可以自动生成相关图形，交给技术开发人员进行微调精修，以缩短元宇宙构建周期，节省人力成本；另一方面，人工智能可以让元宇宙摆脱提前设定好的剧情与规划，对玩家行为做出实时反馈，从而衍生出海量分支剧情，节省开发成本。

在这种模式下，元宇宙中的虚拟人物可以跳出游戏NPC（Non-

Player Character，非玩家角色）的固有设定，变成一个没有固定模式、可以根据玩家反馈做出反应的高度智能的虚拟人，打造一个完全自由、高度沉浸的元宇宙。

◆ 显示

（1）体感技术

体感技术指的是人们不借助任何设备，只利用肢体动作与周边的设备、环境互动，为用户在互联网中的立体沟通提供强有力的支持。目前，按照体感方式与交互原理，体感技术可以分为三种类型，分别是惯性感测、光学感测以及联合感测。

其中，联合感测的应用范围最广，通过在手柄中添加重力传感器、红外线传感仪、动感IR照相机来识别物体，带给用户更具沉浸感的游戏体验。目前，在这方面，任天堂与索尼处在领先地位，推出了很多相关应用。

在元宇宙构建中，体感技术的应用是一个重要方面。体感技术与VR/AR/MR技术相结合，可以为用户提供一种更简单的进入元宇宙的方式。同时，借助体感技术，肢体动作可以更好地在虚拟世界中反映出来，让真实的人与其在元宇宙中的虚拟形象实现完美适配。

（2）全息影像

全息影像是利用光学手段对物体真实的三维图像进行记录和再现的技术。在电影《钢铁侠》中，钢铁侠托尼就利用全息影像检修设备。2018年，Front Pictures、Red Rabbit Entertainment和PROFILTD三个创意团队联合在美国综艺《达人秀》中表演了一个精彩的节目——The Escape（逃脱记忆），演员通过全息影像进入游戏世界，在舞台上起飞、坠落和翻转，引起了轰动。

这个节目证明全息影像具备联通现实世界与虚拟世界的能力，在这项技术的支持下，元宇宙可以模糊物理世界与现实世界的边界，带给人们无限的想象空间。或许有一天，我们可以真正体会一次"庄周化蝶"，在睡梦中进入元宇宙变成一只蝴蝶，体验与众不同的生命过程。

（3）物联网

物联网指的是借助传感器、红外感应器、激光扫描器等设备及射频识别、全球定位系统等技术，对物体的声、光、热、电、力学、化学、生物、位置等信息进行实时采集，将人与物以各种方式连接在一起，实现对物品的智能化管理。在元宇宙中，物联网的应用可以实现泛在互联，物联网与各种硬件设备相结合又构成了显示基础，是一项不可或缺的技术。

03 内容层面："游戏+社交"的崛起

元宇宙想要成为一个近似真实世界的虚拟世界，必须和真实世界一样满足人们的基本需求，具体包括工作、娱乐、社交、购物等。因为元宇宙的核心优势主要是沉浸感与交互性，所以会将注重用户体验的虚拟游戏作为切入点，甚至有可能将游戏打造成工作、社交、生活的主要载体。

在这种情况下，元宇宙中的大部分场景应用都会通过虚拟游戏的形式展现出来，也可以说，元宇宙就是虚拟游戏的载体。届时，元宇宙中的所有应用场景都会具备游戏化的特点。目前，一些开放式的UGC游戏已经开始在该领域进行探索，典型代表如Minecraft、Roblox。

◆ Minecraft

Minecraft发布于2009年，是一款沙盒游戏，支持玩家自行探索、自由创作。在这款游戏中，玩家可以利用平台提供的材质方块和环境单体开展一系列活动，例如建造房子、采集矿石、修改地图、探险、战斗等。玩家可以在玩游戏的过程中完成UGC创作，不断丰富游戏内容。

从某种程度上说，正是在UGC模式的支持下，Minecraft才实现了长盛不衰。为了鼓励用户创作内容，Minecraft为用户提供配套工具包，降低游戏开发门槛与内容创作成本，最大程度上满足用户的个性化需求，进而激发用户创作的积极性，增强用户黏性。目前，Minecraft的注册用户已经超过4亿，开发团队超过了1.2万个，平台上的优质内容超过5.5万份，且这些数字仍在不断增长。

◆ Roblox

2021年3月11日，世界最大的多人在线创作游戏公司Roblox在纽约证券交易所上市，作为元宇宙概念第一股，Roblox上市首日的估值就达到了450亿美元。Roblox是一款能够兼容虚拟世界、休闲游戏和自建

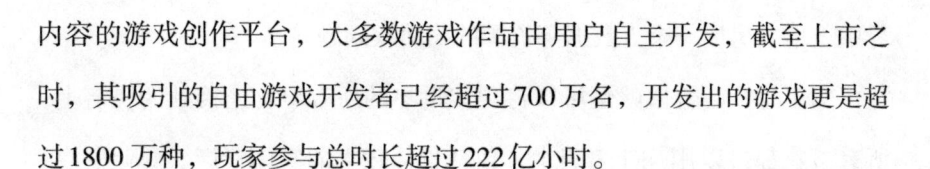

内容的游戏创作平台，大多数游戏作品由用户自主开发，截至上市之时，其吸引的自由游戏开发者已经超过700万名，开发出的游戏更是超过1800万种，玩家参与总时长超过222亿小时。

作为全球最大的多人在线游戏创作平台，用户不仅可以在Roblox平台上进行游戏体验，也可以基于平台提供的创作工具自行创建新的游戏作品或开发VR、3D等数字内容。此外，用户还能利用Roblox studio以创作的内容换取虚拟货币。由于拥有庞大的用户群，Roblox平台也具有社交功能，用户可以与其他使用智能设备的玩家一起参与游戏，或使用聊天、私信等功能进行交流。这种以玩家参与和创作为主导的沉浸式体验场景，使得Roblox具有了与元宇宙类似的属性，可以被认为是元宇宙的雏形。

总而言之，从互联网到元宇宙，内容层面将发生巨大改变。元宇宙将把游戏作为展现内容的主要载体，创造出"游戏+演唱会""游戏+工作会议""游戏+毕业典礼"等诸多模式，通过将各类需求与虚拟游戏相结合，彻底颠覆目前的娱乐方式、社交方式，乃至协作方式，实现前所未有的重大创新。

04 交易层面：开启虚拟资产新世界

在元宇宙中，所有元素的确权、验真、保存等功能都要由NFT来实现。NFT具有不可分割、不可代替、独一无二等特点，可以解决虚拟世界中土地、房屋、个人数据等资源的归属权问题。

NFT的核心价值就是可以将现实世界的所有事物连接到区块链上。所有事物都可以用NFT来表示，包括价值较大的实体资产、商业创意、知识产权，也包括价值较小的车、玩具、宠物、照片、微博、朋友圈等。如果现实世界的一切事物都能映射到区块链，必将创造出一个超乎想象的空间，带给人们前所未有的体验。

一直以来，作品的版权保护问题都是令创作者极为头疼的难题，对侵权问题进行追究不仅难度非常大，成本也相当高。而NFT的雏形就为这一问题的解决提供了一种绝佳的思路。

与有形资产一样，NFT也可以进行买卖。比如，Twitter的创始人Jack Dorsey就将自己的首条推文以NFT形式进行了出售；老牌拍卖行佳士得将著名加密艺术家Beeple的NFT作品"Everydays：The First 5000 Days"以近6935万美元拍出。独特的交易形式和潜在的获利可能性提升了NFT的热度，也吸引了大量入局者。2020年，NFT的整体市值为3.38亿美元；而2021年，NFT的整体市值已达到127亿美元。

NFT与元宇宙之间是相互促进的关系，NFT能够为元宇宙的经济系统提供底层支持，而元宇宙能够为NFT的应用提供丰富多样的场景。根据Nonfungible提供的数据，2020年，元宇宙在NFT市场中的占比为25%，销售额达到2000万美元；而2021年第一季度，这一数字已经超过3000万美元。

NFT对于元宇宙的意义体现在多个方面。由于元宇宙是一个虚拟的空间，其中的任何物体（如房子）都可以转化为NFT形式，而用户在其中进行交易的对象也是NFT。可以说，NFT构建了元宇宙的基本交易秩序。

与现实世界类似的是，基于NFT，元宇宙中的任何虚拟资产都是唯一的，并且可以用于交易；而与现实世界不同的是，现实世界中的资产有被偷走或冒用的可能，而NFT的应用使得元宇宙中的资产均具有明确的所有权。

不仅如此，NFT与以往的虚拟资产也有所不同，以往的虚拟资产往往是由特定的平台发放的，使用也会局限于发放的平台。但NFT可以由用户自行创造，而且可以跨平台流通。

元宇宙是能够映射现实世界的，因此，其为NFT提供了丰富的应用场景，通过将NFT应用到教育、游戏、艺术等不同的领域，用户可以获得沉浸式体验。

第6章
理想VS现实：元宇宙的机遇与挑战

01 超级赛道：引爆全球资本市场

虽然元宇宙是近几年才提出的一个概念，但其实可以把它看作在扩展现实、区块链、云计算、数字孪生等技术的基础上的概念具化。从本质上看，可以把元宇宙看作以传统网络空间为依托，借助成熟的数字技术构建的既映射现实，又独立于现实的虚拟世界。但元宇宙又不是一个单纯的虚拟世界，而是与网络、硬件终端和用户相连接构建的一个覆盖范围极广、可以永续存在的虚拟现实系统。这个系统既有现实世界的数字化复制物，也有虚拟世界的创造物。

目前，关于元宇宙的定义、构建、运行等都还没有形成统一认知，从不同的视角进行分析会得到截然不同的结论，但关于元宇宙的基本特征，业界已经形成了一致意见。随着对元宇宙的认知不断深入，元宇宙将吸引越来越多的关注。

◆ 元宇宙受到科技巨头、政府部门的青睐

2021年下半年以来，元宇宙的概念变得异常火爆。在国外，日本社交巨头GREE宣布将开展元宇宙业务，微软发布企业元宇宙解决方案，英伟达在发布会上展示了虚拟现实的能力，Facebook改名为Meta以聚焦元宇宙的发展。在国内，字节跳动、腾讯等企业也开始在元宇宙领域积极布局。

除企业外，元宇宙还吸引了很多国家政府部门的关注。2021年5月18日，韩国科学技术和信息通信部成立了"元宇宙联盟"，致力于打造国家级的增强现实平台，面向社会大众提供虚拟服务，联盟成员包括了现代、SK集团、LG集团等200多家本土企业。7月13日，日本经济产业省发布《关于虚拟空间行业未来可能性与课题的调查报告》，对日本虚拟空间行业发展过程中需要解决的问题进行归纳，希望能够在全球虚拟空间行业占据主导地位。8月31日，韩国财政部发布了2022年的预算，计划投入2000万美元用来开发元宇宙平台。

元宇宙之所以会受到企业、政府部门的广泛关注，主要原因有以下两点：

第一，元宇宙正处在初级发展阶段，无论底层技术还是应用场景都有巨大的发展空间。在这些领域，企业大有可为。在此形势下，无论拥有多重优势的科技巨头，还是数字技术领域的初创企业都开始在元宇宙

领域积极布局，前者希望凭借自身优势在元宇宙领域占据领先地位，后者希望弯道超车在元宇宙市场占据一席之地。

第二，政府部门布局元宇宙的重要原因是元宇宙不仅是一项新兴产业，还是一个全新的社会治理领域。元宇宙产业在发展过程中可能会遇到一系列问题与挑战，解决这些问题，保证元宇宙有序发展，需要政府的参与和主导。因此，一些国家的政府部门开始在元宇宙领域布局，希望通过参与元宇宙构建过程，对元宇宙发展带来的问题进行系统思考。

◆在技术、标准等方面做好前瞻性布局

元宇宙是一个比较复杂的系统，覆盖了整个网络空间以及众多硬件设备，由多类型的建设者共建，其规模超乎想象。为了在全球竞争中抢占先机、在元宇宙市场占据主导地位，我国也要在元宇宙领域积极布局，在技术、标准、法律三个方面做好准备。

在技术方面，元宇宙的创建与发展需要依赖各种先进技术，例如XR、区块链、人工智能等，但这些技术目前的发展水平还不足以支持元宇宙从概念走向现实。也就是说，元宇宙产业的发展与成熟需要建立在扎实的基础研究之上。为此，我国要鼓励相关企业加强基础研究，提高技术创新能力，在关键核心技术领域取得突破，提高相关产业技术的成熟度，严禁企业以元宇宙为噱头进行炒作融资。

在标准方面，元宇宙的发展和互联网一样，需要统一的标准与协议来实现不同生态系统的连接。因此，我国要鼓励相关企业开展标准化合

作，支持企业在技术、硬软件、服务、内容等领域探索行业标准，积极参与全球标准的制定。

在法律方面，元宇宙在发展过程中可能面临一系列问题，包括平台垄断、税收征管、监管审查、数据安全等。国家相关部门要未雨绸缪，思考元宇宙发展过程中可能产生哪些法律问题，以及如何解决这些问题，加强数字科技领域的立法工作，在数据、算法、交易层面实时跟进，做好相关法律的研究与制定工作。

总而言之，在技术发展与社会需求的双重驱动下，元宇宙的创建与发展已经成为大势所趋，产业发展成熟只是时间问题。元宇宙极大地拓展了现实世界的边界，可以看作真实世界的延伸与拓展，在发展过程中既会带来机遇，也会带来挑战。因此，无论国家还是企业都要理性看待元宇宙热潮，推动元宇宙产业健康、可持续发展。

02 元宇宙产业布局的典型玩家

元宇宙被视为移动互联网未来的发展方向，承载了整个科技行业的未来。因此，元宇宙的发展不是一家之事。在理想状态下，元宇宙应该是一个与现实社会平行的宇宙空间，为科技企业的发展提供广阔的空间。在此形势下，国内外的科技企业、互联网巨头纷纷在该领域布局。目前，在元宇宙领域探索的企业包括以下几类：

◆典型玩家1：游戏公司

在国外，游戏公司Roblox最早将"元宇宙"写入招股书。凭借元宇宙这一概念，Roblox公司开发了1800多万种游戏，日活跃用户超过了3200万人，市值一度超过400亿美元，形成了极具活力的开发者生态及用户生态，打造了成功的商业模式，证明了元宇宙的发展潜力。

说唱歌手Lil Nas X曾与Roblox合作举办一场虚拟演唱会。当然，Roblox的目标肯定不止于此，它的长期目标是创建一个元宇宙，将数百万用户与开发者聚集在一起，让他们在这个元宇宙中生活、工作、学习，甚至使用统一的货币Robux开展交易，最终形成自己的虚拟经济。

除Roblox外，游戏平台Rec Room于2021年3月完成新一轮融资，融资额高达1亿美元。这家专注于VR社交游戏的平台，已经拥有1500多万名用户。4月，Epic Games公司融资10亿美元，这些资金将全部用来开发元宇宙。迄今为止，这是元宇宙领域金额最高的一笔融资。

在国内，2021年3月，MetaApp完成C轮融资，融资金额达到了1亿美元，创下了国内元宇宙领域单笔融资的最高纪录。5月28日，云游戏技术服务商海马云完成新一轮融资，融资金额为2.8亿元。

◆典型玩家2：互联网科技巨头

2021年10月28日，Facebook正式改名为Meta，由社交网络公司向元宇宙公司转变。按照扎克伯格的规划，Meta从以社群媒体为主的企业转变为元宇宙公司这一过程大概要耗时五年。

微软的首席执行官Satya Nadella对元宇宙也抱有极高的期待，并且也正在元宇宙领域积极布局，聚焦基础建设的新层次——企业metaverse。同时，英伟达也在积极打造Omniverse，这是一个专门为虚拟协作和准备模拟事物的物理属性打造的开放式平台，支持创作者、设计师和工程师在共享的虚拟空间协作，支持开发者和软件提供商在模块化平台开发功能强大的工具，并扩展其功能。

早在2010年就开始在VR/AR技术领域深耕的高通也开始了在元宇宙领域的布局。在探索VR/AR技术的过程中，高通开发了一系列前沿技术，包括针对XR的人体追踪技术、环境感知技术、用户交互技术等。未来，高通会对这些技术进行整合，形成VR/AR行业整体解决方案。

在国内，早在2017年，腾讯就开始研究Roblox的游戏项目。2019年5月，腾讯与Roblox合作，成立合资公司，共同探索"游戏+教育"模式，培养下一代编程人才、科技人才和内容创造者。

华为的游戏业务主要聚焦B端市场，利用公有云为游戏企业服务，利用云游戏、游戏引擎、AI等技术为游戏企业赋能。也就是说，华为并不直接开发游戏，而是作为平台为游戏企业提供技术服务。在产品层面，华为搭建了VR/AR Engine 3.0版本，帮助开发者建设VR/AR生态，发布了Cyberverse地图技术，并利用这一技术开发了第一款AR地图——华为河图。

字节跳动是我国最早布局元宇宙的公司。2021年4月，字节跳动向元宇宙游戏开发商代码乾坤投资1亿元，支持该公司探索元宇宙领域。代码乾坤的明星产品《重启世界》与Roblox非常相似，是国内为数不多的面向青少年的UGC游戏制作平台。

◆ 典型玩家3：创新型公司

随着元宇宙悄然兴起，移动互联网的热度逐渐下降，多界面、全感官的人机自然交互将成为主流。人机自然交互将帮助人们摆脱物理硬件的限制以及肉体的束缚，进入人机共生时代。

2018年，我国诞生了一家基于AI技术的脑机接口软硬件平台型科技公司——脑陆科技，被业界人士誉为"脑科学领域最快落地的应用公司之一""最大规模应用的非侵入式脑机接口公司"。脑陆科技的主要成就是与清华大学联合研发了通用脑机接口技术服务平台——Open BrainUp，"旨在为脑科学技术研究与研发团队提供基础工具，让大家更加聚焦于核心交互技术应用的扩展研发，从而加速推动脑机接口技术的应用和发展，加速新一代交互技术即脑机交互时代的到来"。

2021年8月11日，以色列体三维视频捕捉技术平台Tetavi完成新一轮融资，融资额2000万美元，致力于为元宇宙创造个性化沉浸式内容提供体积视频软件解决方案，搭建一个新平台，让全世界的用户都可以享受到高端的沉浸式内容。

2020年，美国活动策划平台AllSeated完成新一轮融资，该公司主要利用3D技术创造虚拟的活动场景，为活动策划人员提供可视化工具，例如2D/3D-CAD制图、时间表以及桌面设计等，支持活动策划人员设计活动现场的3D效果图，并将活动参与者邀请到平台进行统一管理。

在国内，近两年，在VR领域布局的公司都进行了融资，例如专注于开发VR、AR、MR等一站式解决房屋买卖服务软件的公司睇楼科技完成融资；爱奇艺凭借VR项目完成B轮融资；视觉空间定位技术提供商欢创科技完成B轮融资，融资额8000万元；专注于美妆领域的VR公司玩美移动完成C轮融资，融资额5000万美元。在实际应用方面，京东方研发出响应时间小于5ms的VR用面板，已经在华为VR领域得以成功应用。

在创建元宇宙的过程中，人们要高度重视新技术、新应用的开发利用，合理评估其成长力与影响力。因为很多时候，选择比努力更重要。对于企业来说，选择一个正确的发展方向更容易获得成功。

03 现实困境：资本、技术与伦理

元宇宙产业仍然处于初级探索阶段，作为一个新兴产业，其既具有蓬勃的生命力和无限的发展潜力，也具有一些不成熟、不稳定的特征。目前，从现实层面来看，元宇宙产业存在的风险很多，但在技术升级及制度创新等的共同作用下，元宇宙产业将有望获得健康、可持续发展。

◆资本泡沫

虽然仍处于雏形期，但元宇宙领域却吸引了大量资本，这也使得整个产业热度过高。尤其是NFT作为元宇宙经济系统的底层支撑，在各方的炒作和资本的操控下，处于持续过热的状态。这些不确定性和不合理性都不利于元宇宙产业走上正轨。

元宇宙受到热捧的同时，也激起了巨大的舆论泡沫。从元宇宙产业的现实发展情况来看，元宇宙相关的应用和布局主要集中于游戏、社交等有限的领域，而且进展较为缓慢，既没有形成成熟的技术生态，也远未形成成熟的内容生态，产业的全覆盖和生态体系的充分开放也仅是设想。未来，元宇宙不仅需要拓宽场景入口，还需要不断完善技术生态和内容生态体系建设，而这个过程也是元宇宙产业"去泡沫化"的过程。

◆垄断张力

就对元宇宙的设想来看，其产业应该是完全开放和去中心化的。但由于技术等方面的垄断，却容易导致中心化、层级化和垄断性的组织结构，使得整个元宇宙仍然呈现相对封闭的状态。

元宇宙产业的萌芽实际上是产业内卷所导致的结果，但元宇宙的提出并未从根本上改变产业内卷的状况。随着互联网的发展，游戏和社交领域的参与者越来越多，出于监管压力的增加、用户资源的抢夺等方面的原因，网络游戏和社交产业已经进入发展的瓶颈期，迫切需要一个全新的概念为行业注入活力。元宇宙概念的火热，确实在一定程度上激发了社交和游戏领域资本和用户的热情，但产业的内卷问题仍然非常严重。

◆技术挑战

未来，VR/AR将成为带领人们进入元宇宙的重要技术，该技术可以解决元宇宙的展示问题。但目前，VR/AR技术的能力有限，只能提供视觉信息与听觉信息，还无法涉及触觉、嗅觉和味觉。想要打造一个逼真的虚拟世界，仅有视觉信息与听觉信息是不够的，还必须有其他感知能力的支持，以增强真实感。因此，对于VR/AR技术来说，如何从视觉、听觉拓展到其他感官领域是亟待解决的问题。

此外，VR/AR技术还要满足人们向虚拟世界输入语音、手势、动作等信息的要求，但目前，VR/AR技术向虚拟世界输入信息的方式主要是手拿传感器或者穿戴手套，在很大程度上降低了真实感。因为在现实世界里，人们输入信息不需要手持传感器等设备。虽然目前已经出现了一些姿势识别技术等，但在应用过程中也遇到了很多问题，例如受到遮挡无法识别、视野狭窄等。

元宇宙的本质是一个超大型的数字应用生态，其涵盖了众多的硬件设备，具有巨大、复杂、开放等特点，而这也就使得元宇宙对于算力资源和云计算稳定性的要求极高。

根据设想，用户在元宇宙中可以自由地从事多种活动，为了支撑用户的这些活动，需要在元宇宙建立完善的去中心化认证系统、经济系统、设计系统、化身系统，并具备XR入口、可编辑世界、开放式任务、AI内容生成等功能。为了维持元宇宙系统的稳定运转，其算法和算力应该是低成本且可持续的。

元宇宙对算力的高要求也是一项技术挑战。在元宇宙创建与运行的过程中，计算机承担的任务非常多，包括对物理世界的模拟、对场景的渲染、与真实世界的人物或者虚拟的人工智能的互动等，这些都会产生巨大的计算需求。因此，提高算力，满足元宇宙构建与运行需求是一个巨大的挑战。算力越高能耗越高，能耗越高成本也就越高，这些成本最终会转移到用户身上，提高用户进入元宇宙的门槛。

◆伦理制约

由于元宇宙实质上相当于另一个世界，因此需要不断探索元宇宙的伦理框架。在理想的状态下，元宇宙仿佛一个"乌托邦"，整个空间具有极高的开放度、自由度和包容度。但是，高开放度并不意味着完全没有边界，高自由度也并不是说用户的所有行为都不受约束。作为与现实世界相映射的虚拟空间，元宇宙当中的组织形态、权利结构、道德规则等都需要规范。

04 社会治理：元宇宙的未来之战

元宇宙虽然有非常广阔的发展空间，但也会带来很多挑战，例如货币和支付系统风险、沉迷风险、隐私和数据保护风险、知识产权纠纷风险等。面对这些挑战，人们还没有做好准备进行应对。

◆ 货币和支付系统风险

用户在元宇宙中的经济行为可能导致现实世界的经济风险，这主要有两方面的原因：其一，元宇宙中虽然拥有独立的经济系统，但该经济系统可与现实世界的经济系统相关联。如果用户所操控的虚拟货币出现比较高的价值波动，也可能导致现实世界的经济风险。其二，元宇宙作为独立于现实世界而存在的虚拟空间，也可能为现实世界中巨型资本的金融收割行为提供方便，而且相对而言这些操控行为更加隐蔽，会给现实世界的金融监管带来比较大的压力。

元宇宙中的经济活动是借助NFT等虚拟财产进行的。无论元宇宙还是NFT，它们都属于新概念，还没有国家专门为其出台相关的法律与规范。但我国对于虚拟财产的保护很早就开始了，虚拟财产的性质不同，在交易过程中要遵守的法律法规也不同。

其中，虚拟货币在交易过程中要遵循严格的管控政策；NFT、游戏道具等商品属性比较强的虚拟财产在交易过程中受到的限制比较少，因为国家还没有出台相关的法律法规进行约束。目前，NFT、游戏道具等虚拟产品主要通过拍卖行或二手买卖平台进行交易。虽然NFT具有虚拟货币的性质，但其金融风险主要来自由炒作引发的市场秩序混乱。为了规避这种风险，交易NFT和游戏道具时要选择有资质的拍卖行或正规的二手交易平台。

在我国，虚拟货币属于虚拟商品，但也具备虚拟财产的属性，属于可以通过金钱作为对价转让、交易并产生收益的财产。需要注意的是，虚拟货币交易过程中要防止炒作，杜绝代币融资，严禁开展违法的金融活动。

◆沉迷风险

元宇宙作为基于网络而打造的虚拟世界，虽然建立的初衷是希望用户可以在虚实之间根据需要自如地进行切换，但仍然存在比较高的沉迷风险。如同网络游戏一般，由于沉迷风险的存在及其可能导致的严重后果，国家相关部门正加强游戏产业的监管力度。

一方面，如果用户沉迷于虚拟世界，可能加重其社交恐惧心理，影响其现实世界的正常生活；另一方面，由于虚拟世界与现实世界的运行规则、行为逻辑以及价值观念等是不同甚至对立的，如果用户过于沉浸在元宇宙的世界中，可能对现实生活产生强烈的不满。

◆隐私和数据保护风险

元宇宙作为一个与现实世界相映射，又独立于现实世界的虚拟空间，其理想的运转需要基于对用户各方面信息的采集，比如用户的社会关系、财产资源、行为路径以及在特定情境中的脑电波数据等。一方面，这些数据是支撑元宇宙运转的底层资源；另一方面，基于这些数据也能够为用户提供更加全面的服务。但是对于个体的隐私数据是否可以进行采集、如何进行存储和管理以及怎样避免泄露和滥用等问题都有待进一步探索。

在互联网时代，数据安全与隐私保护就是一个令人头疼的问题，这一问题将延续到元宇宙时代。作为互联网发展的下一个阶段，元宇宙中的数据量必然更大。再加上，元宇宙是一个多主体共建的虚拟空间，这些主体之间的关系如何协调，如何做好数据保护、保证用户隐私安全就是一个令人担忧的问题。

元宇宙收集的用户数据的种类与数量都超出想象，除常规的个人信息、消费支出等数据外，还会收集用户的运动数据、生理数据甚至脑电波数据等。如何保护这些数据的安全，防止数据被泄露、被滥用是一个重大问题。为此，企业或政府在建设元宇宙的过程中，必须对数据安全问题进行全面考虑，建立相关机制保证数据安全，防止数据外泄。

◆ **知识产权纠纷风险**

每个新事物的诞生总会伴随着一系列问题，元宇宙也是如此。在内容层面，元宇宙面临的主要问题就是知识产权纠纷，即用户在元宇宙中创作的作品的版权应该归属于谁；如果用户在现实世界里有一个内容的版权，而有人在未经允许的情况下在虚拟世界使用这个内容，用户是否可以维权。

如果虚拟世界的用户利用现实世界中的知识产权创作内容，这种情况应该如何判定？即便法律对这种情况做出了明确界定，即虚拟世界的用户使用真实世界的知识产权必须获得知识产权所有人的许可，元宇宙时代的到来也势必会引发一系列知识产权纠纷。

无论在现实世界，还是虚拟空间，知识产权问题一直是困扰创作者们的难题。虽然在虚拟空间中，区块链等技术的应用能够为知识产权的认证和追溯提供可行的解决方案，但由于元宇宙中的创作可能由大量用户而为，元宇宙的空间也是用户共享空间，因此就产生了一种创作可能——多人协作创作，这种创作关系不仅具有比较高的随机性，而且具有很强的不稳定性，因此需要设立比较完善的规则以明确相关的知识产权问题。

此外，元宇宙用于进行创作的元素，如物品、角色、形象等可能来自现实世界的作品或物体，这种基于现实世界IP的改编应用也会带来大量知识产权纠纷，这就给一些企业和内容创作者带来了困扰，因为这些企业和内容创作者必须想方设法保护他们的知识产权。例如，企业和内容创作者与元宇宙中的公司合作，定期检查自己的内容、品牌或商标是否被窃用等。此外，元宇宙中的用户如何使用内容提供者提供的内容才不会构成侵权，也是一个需要思考的问题。

元宇宙中的用户可以与其他用户互动，如果在这个过程中产出有价值的内容，这个内容的知识产权应该归属于谁？在现实世界中，共同版权、共同所有权问题就已经非常复杂，进入复杂的虚拟世界之后，这个问题只会更加复杂。除此之外，虚拟世界产生的内容能否得到现实世界的认可？虚拟世界产生的内容想要获得现实世界的认可需要做哪些工作？这个过程涉及非常复杂的所有权认证和完整性验证问题。

第三部分

实践篇:科技与资本的盛宴

第 7 章
美国科技企业的元宇宙布局与实践

01 Facebook：更名"Meta"背后的野心

"为了反映我们是谁以及我们希望建立什么，我们决定重塑我们的品牌。随着时间的推移，我希望未来我们不再只是一个社交平台，而是被视为一家元宇宙公司。"——马克·扎克伯格。

2021年10月28日，Facebook正式改名为Meta，聚焦元宇宙的建设与发展，迈入一个新的发展阶段。

随着互联网红利被挖掘殆尽，互联网巨头想要继续成长与发展，必须拓展新的盈利渠道，寻找第二增长曲线。Facebook的更名转型为互联网行业开辟了一个新的发展方向，也为资本提供了一个新的投资方向。

Facebook的更名转型从侧面反映出互联网企业面临的困境，在用户增长困难的当下，抓住元宇宙这个新风口成为了必然之举。除此之外，对于Facebook来说，率先擎起"元宇宙"的大旗，也有利于先一步占领用户心智。

对于大多数人来说，他们关心的不是Facebook改名事件，而是改名之后，Facebook会如何调整自己的发展战略。

◆ All IN元宇宙：Facebook的硬件布局

元宇宙被视为互联网发展的下一个阶段，受到了各行各业的广泛关注。在所有布局元宇宙的企业中，Facebook应该是最激进的一个。当然，Facebook的这种孤注一掷也让人们看到了其布局元宇宙的决心。

在扎克伯格的规划中，Facebook成长为元宇宙公司需要五年时间，可能要历经几个发展阶段，第一个阶段就是在硬件领域的布局。Facebook在元宇宙硬件领域的布局可以追溯至2014年，他们收购了Oculus，这是一家致力于研发虚拟现实设备的公司。

- 2014年3月，Facebook瞄准了虚拟现实领域，并花费20亿美元收购VR设备商Oculus。在Facebook的支持下，Oculus推出了一系列广受用户追捧的VR产品。
- 2015年，Oculus Studios项目广泛撒网，向20多个Rift专有游戏提供全资资助，Oculus VR也进行部分小型投资，收购专注于

3D 重建和混合现实的英国初创公司 Surreal Vision。

- 2016 年，Oculus Studios 继续进行投资式"补给"，保持一年 30 款以上 VR 内容更新。此外，Oculus 发布了集合了 VR 显示器、定位音频和红外跟踪系统的 Oculus Rift CV1。

- 2017 年年底，在 Oculus 全平台，近 40 部作品收入超 100 万美元，顶级作品收入超过 1000 万美元。

- 2018 年，负责 Oculus Go 国行版（Mi VR）硬件设计和软件系统优化的小米生态链公司临奇科技透露，Facebook 旗下的 Oculus Go 出货量已经高达数百万台。并且，有超过 50% 是之前没有 Rift 或者 Gear VR 设备的小白用户。

- 2019 年，Oculus VR 平台上内容总销售额已经超过 1 亿美元，其中 2000 万美元来自 Quest 生态平台。Oculus Rift 团队负责人奈特·米歇尔表示：2019 年 Oculus 对于内容生态的大力投入让这一年成为酝酿优质 VR 作品阵容的重要一年。

- 2020 年，Oculus 发布售价为 299 美元的 Oculus Quest 2，该产品以顺畅的画质以及非常轻微的眩晕感为卖点，获得消费者好评，进而朝着 C 端市场攻进。

在 Facebook 的支持下，Oculus 在 VR 设备市场所占的份额远超其他公司。在 Counterpoint 发布的 2021 第一季度全球 VR 设备品牌所占市场份额排行榜上，Oculus VR 以 75% 的绝对优势名列第一，远超第二名的大朋 VR（6%）和第三名的索尼 VR（5%）。

Facebook 更名为 Meta 之后，VR 头显产品线也将随之做出调整，Oculus App 更名为 Meta Quest，Facebook Portal 视频设备也将更名为 Meta Portal。除 VR 头显之外，Facebook 还与雷朋合作研发了 Ray-Ban Stories 智能眼镜。这款智能眼镜采用触控操作方式，搭载双 500 W 像素摄像头、内置扬声器和麦克风，功能非常强大，包括拍照、摄像、听音乐、语音通话等，是 Facebook 在元宇宙硬件领域的一个重要布局。

◆ **打造元宇宙内容生态，聚焦"游戏+社交"**

硬件设备是构建元宇宙的基础，决定了用户体量，内容则是吸引用户参与的关键。在内容层面，Facebook 规划了两个发力点，分别是"VR 游戏"与"社交体验"。

其中，Facebook 将把已经发展得比较成熟的 VR 游戏放在第一位。在未来很长一段时间，VR 游戏都将在 Facebook 的业务体系中占据重要位置。为了填补游戏内容的空白，Facebook 将采用投资收购的方式引进更多新内容。

- 2017 年，Facebook 投资伦敦 360 度视频与 VR 内容制作平台 Blend Media，Facebook 可访问 Blend Media 的高级内容库，利用该内容库推动平台上 360 度视频数量的增长。
- 2019 年，Facebook 收购 VR 游戏"Beat Saber"开发商 Beat

Games，根据2019年索尼公布的10月PSN美服销量榜，"Beat Saber"在PSVR销量榜单中居首位。同年，Facebook继续收购云游戏公司Play Giga，此次收购扩大了其在全球范围内的VR游戏产业影响力。

- 2020年，Facebook继续在游戏上加码押注，收购Sanzaru Games与Ready At Dawn。此次收购使得Facebook在构建VR游戏生态体系方面获得更大的助力。

- 2021年，Facebook收购"Onward"开发商Downpour Interactive和"Population：One"开发商BigBox，进一步拓展在VR游戏领域的布局。

Facebook也在"社交体验"领域做了很多尝试，例如以社交平台为基础拓展娱乐内容。Facebook主站中的新闻版块支持用户通过VR硬件设备观看3D全景视频；在Messenger方面，预计到2023年，用户可以借助Quest设备与Messenger好友聊天互动。此外，2021年8月，Facebook推出远程办公应用Horizon，支持用户借助VR设备召开虚拟现实会议。

虽然Facebook在元宇宙内容方面做了很多努力，但仅凭游戏与社交无法构建一个完整的内容生态体系。元宇宙作为一个产品，想要实现推广应用必须让每个人沉浸其中，不能是单方面的沉浸，这需要依赖一个更完整、更丰富的内容生态体系才能实现。

人们关于元宇宙的设想有很多，真正能够落地实现的仅占很小一部分。对于Facebook来说，要增强人对元宇宙的体验感，让人与元宇宙开展交互，还有很多问题需要解决。Facebook想要成为一家元宇宙公司，打造属于自己的元宇宙帝国，更名只是一个开始。当然，在更名的同时，Facebook也更新了自己的Logo，"无穷"的符号就像莫比乌斯环一样，告诉人们也警示自己：探索元宇宙的道路没有终点，唯有持之以恒、不懈探索。

02 英伟达：Omniverse基础设施平台

2021年4月，在"GTC 2021开发者大会"上，英伟达创始人兼首席执行官黄仁勋穿着标志性的皮夹克，在自家厨房举办了一场网络发布会。在这场直播中，黄仁勋需要从家中各个角落找到需要发布的产品并进行介绍。1小时48分之后，直播结束，发布会圆满成功，这场发布会看起来与其他的直播发布会没有什么不同，但其实在这场发布会中，有14秒的黄仁勋是虚拟出来的。

2021年8月11日，在计算机图形学与交互技术顶级年度会议"SIGGRAPH 2021"活动中，英伟达通过一部纪录片揭露了这一秘密，除虚拟黄仁勋外，他们还还原了整个厨房。为了这14秒，英伟达动用了34位3D设计师和15位软件工程师，他们从各个角度对黄仁勋和他身上所穿的皮衣进行拍照，共拍了几千张照片，利用数据挖掘以及仿真建模、追光技术（RTX）和GPU图像渲染等，完成了黄仁勋的数字建模，然后利用AI模型对皮肤材质进行细化，让"虚拟老黄"看起来更逼真。这些设计师和工程师一共构建了21个版本的黄仁勋，从中选择了最像的一个，最终达到了以假乱真的效果，而且隐瞒外界3个多月。如果不是英伟达主动揭示，恐怕直到现在也不会有人发现。

英伟达投入巨大人力物力打造虚拟黄仁勋，让其出现在发布会上，并在三个多月后进行揭秘的主要目的就是展示Omniverse RTX渲染器，也就是3D仿真模拟和协作平台，向外界证明该平台强大的模拟仿真能力，告诉大家利用这个工具可以模拟出一个逼真的虚拟世界。

◆ Omniverse平台：承载英伟达的元宇宙梦想

在"SIGGRAPH 2021"会议上，英伟达对Omniverse基础建模和协作平台进行了具体介绍，并表示将利用这项技术布局元宇宙。

作为GPU（Graphics Processing Unit，图像处理器）的发明者，经过几十年的发展，英伟达的业务范围已经有了很大的拓展，不仅做GPU的硬件支持，而且集成硬件、软件、云计算等各项能力，打造了一个功能更强大的开源图像处理平台Omniverse，可以兼容其他厂商的各种渲染工具。在Omniverse平台的支持下，图像技术开发者可以实时模拟出一个更逼真的虚拟世界，建筑师、动画师、研发自动驾驶的汽车工程师可以利用这个平台像编辑文档一样对3D虚拟场景进行设计和修改，非常方便。

这一点正好契合元宇宙去中心化、支持用户自行创造的特征，这也是英伟达布局元宇宙的重要一步。英伟达设计Omniverse平台的目的是打造一个元宇宙，因此赋予了该平台开源、兼容的特性。借助Omniverse，人们可以创建3D模型、开发游戏场景，也可以设计产品、开展科学研究等。

目前，Omniverse已经获得了包括Adobe、Autodesk、Bentley Systems、Robert McNeel & Associates和SideFX等在内的众多软件公司的支持，用户数量超过了5万人。未来，英伟达将进一步开放该平台的权限，向企业级用户开放。除外国企业外，英伟达也与很多中国企业合作，很多设计企业、制造企业、事务所都用到了英伟达的技术和产品。

◆ Omniverse平台的商业想象

很多公司的元宇宙项目都力主释放想象力，打破时空规律，英伟达的Omniverse却并非如此，这个平台对工业、商业、制造业未来的发展有重要意义。

一些公司立足于娱乐、艺术等行业建立的元宇宙，需要以打破现实主义为噱头吸引用户加入。以虚拟时尚单品为例，这些产品的造型大多比较夸张，可以实现无风自动、随时变色等，以最大程度地展现个人风格，这是这些产品独特价值的体现，也是产品吸引用户的关键点。

但对于英伟达来说，作为全球可编程图形处理技术的领袖，完全可

第三部分　实践篇：科技与资本的盛宴

以凭借在处理器、引擎、性能等方面的优势创造一个与现实世界非常相似的元宇宙，这种能够模拟物理世界规律的能力是英伟达最值得骄傲的资本，也是英伟达搭建Omniverse平台、创建元宇宙的立足点。

Omniverse基于USD（通用场景描述）打造可以实现实时仿真与数字协作的云平台，拥有高逼真物理模拟引擎及高性能渲染力，支持用户开展协同在线的创作和互动，而且创作结果可以与现实世界相对应。也就是说，用户通过Omniverse平台创作出来的产品或者应用，在现实生活中也可以实现。

虽然从表面看，Omniverse平台是将线下实验室搬到了线上，其实不仅如此。Omniverse平台打破了时间、空间以及成本的束缚，能够通过量变引发质变，让很多现实生活中无法完成的任务变得简单易行。

因为人类的生命有限，地球上的资源也有限，很多实验可能永远无法得到结果。以沥青滴漏实验为例，其目的是向学生证明这个世界上的物质并不像表现看上去那么简单，而是结构非常复杂，就好像沥青一样，表面看上去是固体，但其实是一种液体。为了证明这一点，实验人员将沥青放在漏斗中，让其在室温下滴落，拍摄滴落的画面。这个实验看起来简单，却持续了86年，从1972年到2013年，由澳大利亚的昆士兰大学开始，最终在都柏林圣三一大学结束。但如果通过Omniverse平台做这项实验，只需要调整时间流逝的参数就可以很快得到结果。

在元宇宙中，物理世界的时间、空间、速度、力学等都可以变成可调式的参数，这就为各种实验的开展提供了便利。在这个环境中，人类可以自由地探索真实世界的各种可能，然后利用探索结果改造真实世界，创造更加美好的生活。如果这一设想能够成为现实，元宇宙将对人类社会的发展产生深远影响。

03 微软：基于数字孪生的企业元宇宙

2021年5月，微软CEO萨提亚·纳德拉（Satya Nadella）在描述Azure产品线的未来愿景中提出了"企业元宇宙"这一概念。企业元宇宙的构建需要打通研发、制造、协作、分销、展示、终端、客户反馈等环节，这是实现高质、高效闭环迭代的关键。

◆技术创新与生产力变革

随着技术迭代速度不断加快，人们的工作方式、生活方式也发生了较大改变。如果对这些改变进行归纳总结，可以发现它们有一个共同的方向，就是更灵活，更具有流动性。下面我们对新技术影响下工作方式的变化进行具体分析。

（1）协作应用正在崛起

协作应用可以打破通信、业务流程与协作之间的障碍，促使它们融合在一起，形成一个统一的工作流程。基于协作应用的这一功能，纳德拉给予这类应用程序高度肯定，认为它们在今天的办公环境中扮演着越来越重要的角色。

例如，微软将 Teams 和 Dynamics 365 整合在一起，团队成员可以更便捷地沟通交流，整个协作过程变得更流畅。Power 平台可以借助"一个惊人的强化电路"与企业自己研发的应用程序连接。除此之外，Adobe 和 ServiceNow 等独立的软件开发商也在构建协作应用，试图为用户提供更多元化的服务。

（2）混合工作的重要性

微软研究发现，大多数员工都希望可以通过多元化的方式开展远程工作，同时也希望有更多的机会当面合作，这种远程工作与当面工作结合的工作方式就是混合工作。纳德拉认为突发的新冠肺炎疫情在一定程度上改变了人们朝九晚五的工作习惯。

在疫情期间，为了保证员工的健康与安全，微软允许一部分员工在家远程办公。在这个过程中，很多员工发现自己喜欢上了这种工作方式，并希望在疫情结束后依然能保持这种工作状态。但很多工作需要沟通交流才能完成，这就需要一种新的工作方式，既可以远程办公，也可以当面交谈，不需要来回切换；或者采用混合工作方式，一些会议可以亲自参与，一些会议可以远程参与。未来，这些工具将在工作过程中发挥重要作用。

（3）含义更加广泛的生产力

随着工作地点的改变，生产力的内涵也将扩大。新冠肺炎疫情带来了一些变化，例如打破了工作日的限制，改变了朝九晚五的工作习惯，管理者不再关注打卡时间而是任务完成情况等。

在工作压力不断加大、公共健康问题持续存在的情况，公司要允许这种变化的存在。为此，纳德拉认为，企业管理者不仅要注重培养员工的职业发展与能力提升，而且要关注员工的身心健康，比如给员工提供自由宽松的学习环境、优化员工福利政策等，激发员工的工作潜能。生产力范围的扩大为公司创造力的提升与业绩的持续增长提供了更好的条件。

◆企业元宇宙：基于数字孪生的基础设施

随着物理世界与数字世界的融合成为不可逆转的趋势，企业元宇宙将成为企业必备的基础设施，从设计、制造、分销、客户反馈等环节使企业的生产活动发生巨大变革。

（1）设计阶段

企业元宇宙可以将平面图纸以3D的形态呈现出来，利用可视化的方式对产品设计、规划等环节进行验证，对产品全生命周期的制造过程进行优化，极大地缩短产品开模打样的时间、产品生产决策的时间以及产品试制周期，为产品制造工艺不稳定问题提供有效的解决方案。

（2）制造阶段

企业元宇宙可以让生产、研发、交流、制造等过程实现虚实共生，为生产过程中现场操作人员、异地指导人员、培训人员创建一个虚拟化身，让他们的虚拟化身在三维虚拟空间中活动，进行统一管理。这个三维虚拟空间可以是产品展厅、研发实验室，也可以是会议室、咖啡厅

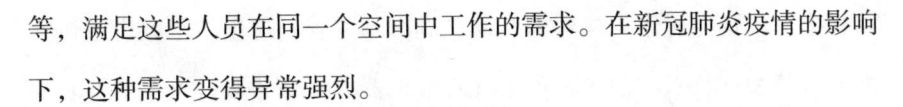

等，满足这些人员在同一个空间中工作的需求。在新冠肺炎疫情的影响下，这种需求变得异常强烈。

（3）分销阶段

企业元宇宙会从售前展示、使用中说明、故障售后维修三个维度发挥作用。在售前展示阶段，企业可以利用3D模型展示产品，还可以辅之以动态UI、语音讲解，让售前展示更生动、更吸引人；在产品使用过程中，纸质说明书将被直观方便、高沉浸感、强产品连接的虚拟空间所取代，支持用户直接观看产品使用方法、注意事项等；在售后维修阶段，企业的售后维修人员可以远程对产品进行检查，判断故障类型以及能否维修，然后有针对性地制订售后方案，让整个售后维修过程变得更便捷、更有效。

（4）终端及客户反馈阶段

在元宇宙模式下，用户购买产品后，在获得物理产品的同时，还会获得一个与物理产品一模一样的数字孪生产品。用户在使用产品的过程中产生的各种物理信息以及对产品的反馈意见，都可以通过这个数字孪生模型反馈给企业。如果用户的反馈意见很有价值，用户可能会得到智能协议实时分配的数字资产奖励。

◆构成企业元宇宙的两个关键点

企业元宇宙是以全面数字化为基础形成的，借助沉浸式沟通与AI赋能，这一应用有可能推动人类文明迈向一个新阶段。

根据微软的研究，企业元宇宙的构建有两个关键点：

第一，企业元宇宙构建的基础设施必须完善，这里的基础设施包括高定版的3D引擎、操作简单的UGC编辑器、操作难度较大的PUGC编辑器、资源丰富的数字资产素材库。高定版3D引擎的主要功能是开发3D虚拟社交系统、经济系统和分成系统，系统可以接入内容、应用市场、3D城市广场等核心功能，形成丰富的内容产出生态，与传统内容互动，最后通过植入各种交互形式，带给用户多元化、深层次的体验。

第二，借助虚拟现实平台对传统的商业模式和商业逻辑进行升级，例如教育、旅游等商业模式比较成熟的传统行业可以直接导入，然后对其进行深度开发，最终完成互联网化升级。

04 Unity Software：搭建完整的XR生态

Unity Software（以下简称Unity）是一家3D游戏引擎平台，其业务范围覆盖了全球94%的游戏开发工作室。在元宇宙背景下，Unity的主要业务将转变为帮助企业建立可以在元宇宙中存在的公司。

目前，Unity已经为香港国际机场搭建了一个数字化模型，这一模型可以正常运转，支持实时互动。相较于其他公司来说，Unity的优势主要在于强大的模拟能力，可以渲染一个不真实的环境，可以对突发以及紧急状况下，例如火灾、洪水、停电、跑道堵塞等状况下的人流进行真实的压力测试。正是基于这一优势，Unity才会被邀请来为香港国际

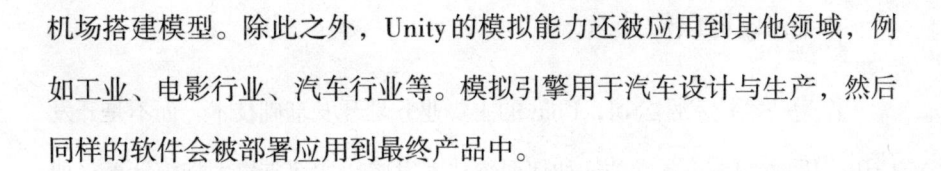

机场搭建模型。除此之外，Unity的模拟能力还被应用到其他领域，例如工业、电影行业、汽车行业等。模拟引擎用于汽车设计与生产，然后同样的软件会被部署应用到最终产品中。

◆ **完整的XR生态体系**

目前，国内XR领域的内容生态体系正在不断完善。

高通与中国电信联合多家XR产业链企业举办"2021 Qualcomm XR创新应用挑战赛"，其目的就在于对软硬件厂商、开发者生态体系以及渠道发行等资源进行整合，鼓励开发者探索更丰富、更优质的内容，打造更高效的XR内容设计流程，推动国内的XR产业快速发展。

XR生态体系可以从两个维度来理解，从横向上看主要包括VR、AR、MR，从纵向上看主要包括底层的芯片、开发平台、工具链、应用平台、VR硬件、终端用户。其中，芯片、VR头显、定位技术又存在于各自的闭环生态中。总体来看，一个完整的XR产业背后必定有一个复杂的生态链做支撑。

Unity主要通过两种方式助力平台开发：一种是原生支持，因为Unity有很多官方合作伙伴，例如Oculus、Windows Mixed Reality、Pico等。开发者使用Unity编辑器开发这些平台时，可以直接导入相关的开发组件、SDK，直接进行开发调试，完成输出；另一种是Unity为客户提供开放的API接口，例如影创、HTC Vive等，支持用户通过这些接口接入Unity，吸引其他开发者加入平台，参与到游戏或者应用开发中来。

◆ Unity可以做什么

作为一家技术性公司，Unity的主要业务是开发基础技术，而不是开发应用。因此，Unity非常关注如何引领技术发展，如何支撑大规模计算，如何为建筑、工业、影视、游戏等领域的用户创建更好的开发环境等问题。

沃尔沃利用Unity的实时3D技术，在整车开发与营销环节引入交互式虚拟体验，有效地缩短了车辆设计周期，提高了汽车销量。此外，沃尔沃还利用Unity构建的XR生态环境，覆盖了汽车从生产到销售再到售后的整个生命周期，为人员培训提供了强有力的支持与辅助。

2021年3月，Unity收购了VisualLive，这是一家为建筑、工程和施工行业提供增强现实解决方案的供应商。VisualLive的核心优势在于可以将BIM文件生成的AR应用导入HoloLens，按照1∶1的比例创建设计模型。目前，VisualLive已经被1500多家建筑公司引入，用于设计审查、项目协调、施工规划、工程质检/质量管控、施工检验、实地巡查、设施管理等各个环节。

除此之外，Unity的应用场景还有很多。德国初创公司Holoride基于Unity引擎推出Holoride Elastic SDK，这款应用可以为开发者提供一些开发工具，用来开发沉浸式车载VR内容。基于Unity制作的《愤怒的小鸟》AR版游戏可以为玩家提供第一人称弹弓，将游戏中的建筑、角色和物体投射到现实世界，与实际环境叠加，让用户享受到沉浸式射击体验。游戏开发者Magnopus利用Unity技术开发的《寻梦环游记》VR版可以让用户体验一段冒险之旅。为保证游戏中的画面、场景以及人物能够真实地还原原作，Magnopus在制作游戏的过程中利用Unity创作了自定义工具。

2020年，Unity推出了智能化AR创作工具MARS，它可以用来创建能够与现实世界完全融合的智能混合现实并增强现实体验。MARS的手机智能伴侣App为苹果Object Capture技术的开发提供了必要的支持。MARS的诞生时间虽然短，但已经被多家公司引入，包括肯尼迪图书馆、日产汽车、乐高和美国最大家具电商Wayfair等，用来创作交互式AR应用。未来，MARS的功能将进一步丰富，应用范围也将进一步扩大。

05 Decentraland：虚拟领地的探索者

BTIG集团分析师马克·帕尔默（Mark Palmer）曾强调，可能受益于元宇宙世界的一个例子就是Decentraland。

2017年，Decentraland创立，其定位为一个由区块链驱动的虚拟现实平台，也是第一个完全去中心化、由用户所拥有的虚拟世界。在Decentraland中，用户可以创建自己的虚拟形象、浏览各类内容、进行各种探索活动，以及与其他用户互动。可以说，Decentraland类似于沙盒游戏《我的世界》（*Minecraft*）的升级版。

在Decentraland，所有虚拟土地都需要购买，拥有者可以在土地上建造房屋。在这里，用户可以看到苏富比拍卖行、国盛证券、豪华的玛莎拉蒂展厅以及"麻雀虽小、五脏俱全"的小镇，可以逛街购物、点外卖等。在这个场景中，用户可以真正做到"足不出户周游世界"。在增强虚拟现实的支持下，Decentraland满足了人们对虚拟世界与现实世界交融的各种想象。

◆从青铜时代到2021年

作为一个完全去中心化的虚拟世界，Decentraland的进化过程如下：

（1）青铜时代

青铜时代是Decentraland的初级版本，其已经具有一些基本的虚拟世界所需的功能，比如进行3D建模等，但细节不够丰富，而且，还未推出自己的代币，用户需要使用比特币进行空间内的交易。

（2）铁器时代

在初级版本发布两年以后，Decentraland推出了自己的升级版本。在这个新的版本中，用户可以参观其中的建筑、参与建筑中举办的活动、通过活动触发隐藏功能（比如获得收藏品等），并且可以根据需要以文字或语音的形式与其他用户进行对话。此外，用户还可以创建建筑物，用于销售或在市场中购买装备等。

与之前的版本相比，升级版本已经能支持点对点通信、拥有快速支付系统和自己的代币（MANA），使得用户能够获得更加完善的社会体验。不过，目前Decentraland仍然处于初级打磨阶段，需要技术人员以及参与用户共同推动其进步。而且，随着智能可穿戴设备的推广，Decentraland的理念和技术也会逐渐升级，创造出更加美好的虚拟世界。

◆土地：Decentraland中的价值载体

Decentraland中使用的代币为MANA，其采用的是ERC-20格式。用户通过获得的MANA能够购买土地（LAND）、商品或服务等。其中，土地是Decentraland中最重要的资产，也是用户进行一切创作的价值载体。如同在现实生活中所有的建筑物都需要依存于土地一样，土地是Decentraland内的3D虚拟空间，可以被分割成地块（Parcel），并通过笛卡儿坐标（x，y）来进行区分。因此，每块土地都包含有坐标、所有者等信息，其价值也会受人口密度、商业密度等因素影响。土地除其经济价值外，还拥有生态价值、文化价值、社会价值等。

由此可见，在Decentraland所构筑的虚拟世界中，也具有跟现实世界类似的房地产概念。尤其是地理位置，会在很大程度上影响一块土地的价值。如果一块土地比较靠近中央广场或者街道，那么其用户流量往往更大，而这也就意味着这块土地的所有者更容易通过售卖商品或服务而获利。

除地理位置外，内容对土地的影响力也不容小觑。比如在现实生活中，往往风景优美或建筑奇特的地方会吸引大量的游客，而人流量的增加则会带动周边的经济发展，进而使得该区域的经济价值提升。在虚拟世界中也是如此，优质的内容会吸引大量的用户，从而提高该地块以及附近地块的估值。

优质的内容可以是建筑物本身，也可以是建筑中的设施或展览物等。比如，Decentrland中建造的虚拟博物馆能满足博物馆爱好者的需求，用户足不出户就可以与心仪的名作进行近距离接触。这不仅对在现实世界中经济条件较差的创作者而言是一个巨大的福利，而且能够大幅提升NFT的价值。由此形成的正反馈效应，能够促进Decentrland等虚拟空间的良性发展，使得用户更有动力创作具有价值的内容。

值得一提的是，在Decentraland中土地是紧密相连的，新的地块不能脱离已有的地块而存在，这种地块之间的联系有利于创作者打造相关性商业系统。而从用户的角度来看，地块的紧密有序也有利于其对未知世界的探索。所以，Decentraland中地理位置优越和拥有优质内容的土地的商业潜力和爆发力更大。

◆ MANA：Decentraland中的通用货币

从代币机制来看，Decentraland的MANA代币可以用于空间内的所有交易，比如用户进行活动所需要的姓名、服饰、形象以及土地、物品等的交易，此外，用户参与各种娱乐活动或购买数字音乐、数字展品等也需要借助于MANA代币来完成。

完善的代币机制为Decentraland的发展提供了一定的原动力。当用户数量越多时，对MANA的需求量会越大，也就意味着Decentraland的生态越繁荣。与传统的货币流通不同的是，MANA每年的增发量是恒定的，有固定的供应量上限。因此，虽然MANA的基础体量会不断增加，但通货膨胀率反而会随着时间的推移而下降。在Decentraland的产值增长速度超过MANA供应速度时，MANA的价值就会提升。

第8章
中国科技企业的元宇宙布局与实践

01 腾讯："全真互联网"战略布局

2020年底，马化腾曾在年度特刊《三观》中写道："现在，一个令人兴奋的机会正在到来，移动互联网十年发展，即将迎来下一波升级，我们称之为'全真互联网'……虚拟世界和真实世界的大门已经打开，无论是从虚到实，还是由实入虚，都在致力于帮助用户实现更真实的体验。"马化腾还强调，"全真互联网"是腾讯下一个"必须打赢"的战役。

◆投资Roblox与Epic Game元宇宙平台

作为国内最大的游戏公司，腾讯在元宇宙领域的重要布局之一就是游戏平台。

2020年，沙盒游戏平台Roblox持续被资本方看好，并获得了1.5亿美元的G轮投资，其投资者之一就是腾讯。而在此前的2019年5月29日，腾讯以及Roblox共同宣布推出Roblox的本土化版本——《罗布乐思》。不仅如此，双方还共同成立同名合资公司，由腾讯负责其中国地区的运营。

2021年7月13日，《罗布乐思》正式全平台开放。与海外版Roblox相比，国内版本《罗布乐思》仍然具有其经典的功能，比如，开发者不仅能够获得平台给予的扶持资金、奖金激励以及比赛机会，还能够通过开发者论坛和线上教程等板块等到帮助。

除与Roblox合作外，腾讯还投资了Epic Games，而其也是近十年来最负盛名的游戏制作团队之一，推出过《子弹风暴》《堡垒之夜》等广受业界好评的作品，近几年更是在元宇宙领域进行了大量的探索。

◆构建"游戏+社交+内容"元宇宙

2021年4月15日，腾讯PCG迎来了自2018年9月成立以来最大的一次组织调整，调整的重点为内容业务线。调整后，腾讯视频与短视频平台微视共同组建隶属于平台与内容事业群（PCG）的在线视频BU（On-line Video Business Unit）；应用宝与腾讯视频之下的游戏频道则组建成全新的业务部门，承担腾讯内游戏产品的分发业务。

虽然此次调整并未直接涉及元宇宙相关内容，但从腾讯副总裁、互动娱乐事业群（IEG）天美工作室群总裁姚晓光将接替腾讯副总裁梁柱，并兼任PCG社交平台业务负责人的决定中不难看出，腾讯此前在游戏领域所积累的计算机图形技术和能力在未来将有应用于社交和视频领域的可能。不仅如此，2021年9月，腾讯连续申请注册了"魔方元宇宙""和平元宇宙""精英元宇宙"等商标，加上此前申请的"QQ元宇宙""飞车元宇宙"等相关商标，腾讯累计申请的元宇宙商标数量已经超过20个。

另外，根据科技创新情报SaaS服务商智慧芽所提供的数据，腾讯公开申请的元宇宙相关的专利数量已经超过24000件，其中发明专利占99.74%。这些专利主要涵盖虚拟场景、图像处理、人工智能、区块链等领域，涉及的国家或地区达到126个。

除了不断投资收购企业，腾讯也在积极利用阅文和腾讯视频等自身业务，打造IP元宇宙，进一步进行"游戏+社交+内容"的元宇宙布局。可以说，目前腾讯已初步构建起元宇宙的基础生态体系，希望从游戏、社交等方面切入，朝着他们自己所提出的"全真互联网"时代前进，成为元宇宙战略探索中不可或缺的重要力量。

腾讯凭借QQ、微信等社交平台强大的影响力，通过内部孵化、外部投资两种方式在网络文学、动漫、在线音乐、影视制作、视频平台、网络游戏等领域积极布局，形成了泛娱乐产业链，覆盖了全方位的内容供给与持续的内容衍生，具备了构建元宇宙的内容基础。腾讯以泛娱乐化产业链为基础，以各类IP为中心，形成了极具影响力的文娱矩阵。

腾讯的泛文娱产业链有三大主线，分别是游戏、影视和音乐，具体分析如下：

- 在游戏领域，腾讯将阅文、IEG、斗鱼/虎牙串联在一起，与社交联动，形成了面向Z世代的互动娱乐社区。
- 在影视领域，腾讯将阅文、企鹅影视、腾讯视频、猫眼、短视频等应用串连在一起，极大地提高了IP运营效率，极大丰富了腾讯的内容生态体系。
- 在音乐领域，腾讯将阅文、腾讯视频、腾讯游戏、TME相连接，与社交联动，不断提升TME上游版权业务的话语权，拓展变现渠道，提升变现能力。

◆推出首个NFT交易平台

2021年8月2日，腾讯旗下的NFT交易软件"幻核"正式上线。根据平台目前的设置，其推出的NFT由官网主导IP授权与官方制作，任何第三方无权在平台发布NFT。幻核首期发售的内容为300枚"有声《十三邀》数字艺术收藏品NFT"，其中包含李安、陈嘉映、李诞等13个人物的语录。用户在购买NFT作品之前可以进行互动体验，购买后则能够拥有专属镌刻权。

作为一种唯一性的加密货币令牌，NFT可以应用于图像、音频、视频等形式的数字资产，而且任何数字资产在经过NFT手段加密后，都会获得一张独一无二的数字证书，并且在区块链技术的支持下，不会被复制或篡改，能够永久储存。

不仅如此，由于拥有NFT技术方面的优势，腾讯旗下的音乐平台也首开国内数字藏品NFT发行先河。2021年8月15日，胡彦斌《和尚》20周年纪念黑胶NFT在QQ音乐平台正式发行，首批"TME数字藏品"2001张限量数字黑胶被预订后迅速抢空。

02 百度：推出VR 2.0产业化平台

2021年10月19—20日，世界VR产业大会云峰会于江西南昌举行，大会发布了"中国VR50强企业""VR/AR年度创新奖"以及虚拟现实产业发展研究报告、白皮书等。与上年相比，2021年世界VR产业大会云峰会的参会企业增加了36.7%，其中既包括百度、华为等互联网龙头企业，也包括微软、英伟达等"元宇宙"概念头部企业。

在这次峰会上，百度不仅被评为"2021中国VR 50强企业"，还展示了其全新升级的百度VR 2.0产业化平台，以及基于此前发布的百度大脑DuMix AR在AI智能化技术领域的突破而推动的VR在多个行业场景中的全新应用。对于元宇宙而言，VR、AI是其重要的基础设施和承载者，能够为元宇宙产业的发展带来无限可能。

◆ 百度 VR 2.0 产业化平台

百度 VR 2.0 产业化平台的建立，离不开其强大的 AI 实力。从平台的整体构造来看，VR 2.0 产业化平台以百度大脑为依托，由百度地图能力、智能视觉技术、自然语言处理技术、知识图谱、百度智能语言技术等共同提供技术支持。具体而言，VR 2.0 产业化平台架构包括技术中台、业务平台和产业场景三个层面，如表 8-1 所示。

表 8-1 百度 VR 2.0 产业化平台架构

平台架构	具体内容
技术层	主要包括素材理解、内容生产以及感知交互三个技术中台；在低延时 VR 点直播、VR 内容消化、三维信息重建、多人互动以及 VR 开发者套件等方面积累了丰富的经验
平台层	由 VR 内容平台和 VR 交互平台组成，其中 VR 内容平台主要包括素材采集、编辑管理、内容分发和采集设备/素材/统一协议，而 VR 交互平台则包括元宇宙场景、虚拟化身、多人交互，VR 头显/社交网络等
产业层	百度 VR 2.0 产业化平台能够为教育、营销以及工业等产业场景提供 VR 解决方案

◆ AI 赋能下的元宇宙场景创新

2021 年 8 月 18 日，"AI 这时代 星辰大海——百度世界 2021"大会在线上召开，以生动的形式展示了百度人工智能在出行、生活、产业、自主创新科技等领域的最新成果和应用。

不仅如此，此次大会上百度还向大众呈现了一种全新的会展形式——VR 云会展。参会者在佩戴指定的 VR 设备后，便能够以虚拟形象的形式进入会议的虚拟空间中，并通过动作、语言等形式进行互动。这

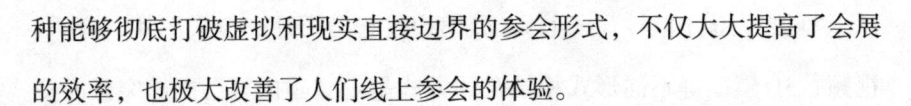

种能够彻底打破虚拟和现实直接边界的参会形式，不仅大大提高了会展的效率，也极大改善了人们线上参会的体验。

（1）智慧教育场景

教育不仅是元宇宙重要的应用领域之一，而且能够为元宇宙产业提供不同的应用场景，比如安全教育、K12教育等。其中，电力仿真培训等领域凭借其特殊性已经进入元宇宙的应用实践范畴。

百度VR教育能够提供基于VR技术的K12教室、高校实验室、人才培养、AI智能教室等解决方案，助力教育数字化升级。比如，在VR高校实验室解决方案中，能够将真实场景的视觉效果和物理特性进行高度还原，从而提升教育的质量；在VR人才培养解决方案中，能够基于产品所具有的大数据分析能力和人机智能引导功能，对师资培训等结果进行精准分析。由于拥有高性能软硬一体化解决方案、丰富优质的专业内容、专业全面的教学报表功能并融合百度AI语音算法和VR技术能力等优势，百度VR教育解决方案的"实训+VR"已经投入应用，真正以技术革新提升教育质量。

（2）智慧党建场景

为庆祝中国共产党成立100周年，由《人民日报》与百度联合打造的"复兴大道100号"线上VR展馆正式开馆。与常规的图片或视频形式的线上展示不同，基于百度VR所具有的先进的AI能力，不仅能够将具有时代特性的场景以数字化的形式呈现在观众面前，而且能够给观众带来沉浸式的线上体验。

"复兴大道100号"线上VR展馆通过普通图片、全景图片、音乐、视频、3D模型等不同形式相结合的方式呈现党建内容，能够突破时空限制，全方位、立体化地再现红色革命场景，让参观者对党史以及党的精神等有更加深刻的了解。"复兴大道100号"线上VR展馆等系列应用充分体现了百度VR领先的景深漫游能力，被"2021届VR世界大会"评为"中国虚拟现实产业重要成果"。

（3）智慧营销场景

VR营销购物一站式解决方案能够提供包括VR内容采集、编辑、云存储、沉浸式展示等内容的一站式营销解决方案，满足景区旅游、文娱博览等多个行业的营销需求。

与以往的营销方案相比，其优势主要体现在三个方面：其一，一站式SaaS化服务，能够支持一键上传及发布内容，并实现VR内容的高效批量化生产；其二，基于全系列VR拍摄硬件支持，可以实现不同规则和类型商品的VR内容快速拍摄及制作；其三，商品动态多维展示，不仅能够完美还原商品的细节，而且结合VR技术可以实现精细运营、分层营销。

03 阿里巴巴：达摩院XR实验室

2021年10月19—22日，主题为"前沿·探索·想象力"的2021年杭州·云栖大会在杭州云栖小镇举行，包括院士、行业领军人物等在内

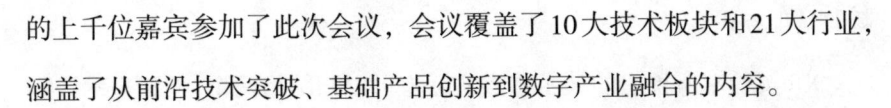

的上千位嘉宾参加了此次会议，会议覆盖了10大技术板块和21大行业，涵盖了从前沿技术突破、基础产品创新到数字产业融合的内容。

在这次大会上，阿里巴巴原 AI Labs 计算机视觉首席科学家谭平，即阿里巴巴达摩院XR实验室的负责人，不仅对元宇宙的概念进行了解读，而且以达摩院XR实验室为切入点对阿里巴巴在元宇宙领域的布局进行了分析。

阿里巴巴达摩院是是阿里在全球多点设立的科研机构，研究重点为基础科学、颠覆性技术和应用技术。截至2021年11月，阿里巴巴达摩院已经成立了机器智能、数据计算、机器人、金融科技、XR实验室共5大板块的16个实验室。XR实验室作为达摩院最新成立的实验室，主要致力于探索新一代的移动计算平台，即VR/AR眼镜以及基于新移动计算平台的互联网应用技术，从而推动显示、人机交互技术等领域的革命。

梳理互联网发展的过程不难发现，互联网的应用会随着计算平台而进行迁移。互联网发展到移动互联网，PC端则迁移至智能手机端，而社交的重心则从QQ迁移到了微信。继智能手机之后，VR/AR眼镜有望成为下一代计算平台，届时，互联网在平台的呈现即为元宇宙。

在VR/AR眼镜成为互联网主流平台的时代，每个互联网的用户都将获得一个虚拟形象，即替身。借助于这个虚拟形象，用户可以在虚拟空间中与其他个体进行互动或从事各种活动。从这个角度来看，游戏、社交、电商等如今处于互联网端的应用都能够迁移至元宇宙中，并获得新的呈现方式。

XR实验室所聚焦的技术重点实际上可以归结为两个："新显示"和"新交互"。此前，不管是PC端还是智能手机端，虽然计算机平台迁移了，但平台的显示界面仍然都是二维的，通过不同的窗口来呈现内容；而用户进行交互的方式也都是通过对窗口的点击等来操作。但进入VR/AR时代后，互联网平台进行呈现以及与用户交互的方式都将是三维的，个体不仅能沉浸式体验虚拟世界，而且虚拟世界可以与现实世界融合和联动。

在通过VR/AR眼镜接入的虚拟世界中，用户可以沉浸其中，也可以以语言或动作等与不同的应用进行交互。除了现实和交互面临变革外，其上层的应用更将迎来历史性的革命。正如谭平所认为的，元宇宙是我们这个时代的"灰犀牛"。VR/AR眼镜不仅会带来计算平台的迁移，甚至整个互联网产业也会发生巨大的变革。

从阿里巴巴的构想来看，与元宇宙关联的技术层面可以划分为四层，如表8-2所示。

表8-2　元宇宙的技术架构

技术架构	具体内容
全息构建	元宇宙技术的第一层，所要实现的目标为：构建虚拟世界的模型，并将模型呈现于终端设备，让用户获得沉浸式体验。实际上，目前这种技术已经开始应用于多个领域，比如VR看房等，这也是元宇宙的最浅层
全息仿真	元宇宙技术的第二层，所要实现的目标为：构建动态的虚拟世界，并尽可能使其接近现实世界。这种技术目前处于探索阶段，比如某些网络游戏以及数字孪生的应用

续表

技术架构	具体内容
虚实融合	元宇宙技术的第三层,一个无限逼近真实世界的虚拟世界,实际上换个角度可以理解为,构建真实世界的高精度三维地图并进行定位,在此基础上与虚拟世界中包含的信息进行叠加。达到这一层,实际上就能构建出一个完美的AR世界
虚实联动	元宇宙技术的最高层,这也是阿里巴巴对元宇宙的独特理解。与以往认为元宇宙的最终目标是建立一个虚实融合的世界不同,阿里巴巴认为,元宇宙最终应该通过虚拟世界改造现实世界

上述四个层级实际上是层层递进的关系,基于全息构建可以进行全息仿真,通过第二层的全息仿真能够使得现实中的很多问题获得最优的解决方案,而解决方案通过第三层的虚实融合可以映射到现实世界当中,最终通过智能机器人实现虚实联动。

04 字节跳动：搭建VR生态圈

元宇宙之所以能够迅速在科技圈和资本圈大热,一方面是由于其以多个新兴科技为依托,体现出了强大的技术优势；另一方面则是由于元宇宙的基本价值观为共创、共享、共治,所以能够极大地带动数字经济产业的创新和产业链的拓展,为人类社会的发展描绘一幅全新的生态图景。

随着移动通信、大数据、人工智能等技术的发展,虚拟与现实之间的界限势必会越来越模糊,而元宇宙也就理所当然地成为了下一代互联网的新形态。目前,包括国外的Facebook、微软、英伟达以及国内的腾讯、字节跳动等均已经开始在相关领域进行布局。其中,作为最早将人工智能应用于移动互联网场景的科技企业之一，字节跳动已经通过投资并购的形式逐步搭建起了VR生态圈。

◆投资并购：加码布局VR元宇宙

2021年10月12日，深圳市光舟半导体技术有限公司（以下简称光舟半导体）进行工商变更。其变更的内容主要包括两部分：其一，进行股东新增，在其新增的股东名单中，最为引人注意的是北京量子跃动科技有限公司，其是字节跳动的关联公司；其二，增加注册资本，公司注册资本由299.72万元增加至343.12万元，增幅为14.48%。

根据公开的资料，光舟半导体成立于2020年1月，是一家总部位于深圳的芯片公司，主要创办人为AR光学专家朱以胜和科学家初大平教授，经营内容主要包括光波导（衍射光学芯片）、光引擎（微投影模组）、光学模组、微纳半导体材料与工艺等技术相关的开发、咨询以及技术转让等。虽然成立的时间比较短，但光舟半导体目前已经设计并量产了AR显示光芯片及模组，其旗下还拥有半导体AR眼镜硬件产品。

在光舟半导体的主要经营内容中，衍射光学已经被公认为是AR光学的未来，而AR光学又是AR硬件系统的核心。因此，字节跳动投资光舟半导体，与其元宇宙生态的构建密切关联，毕竟VR/AR是元宇宙的关键硬件入口。

除投资光舟半导体外，字节跳动在VR硬件布局方面的另一个大动作是收购国内领先的VR硬件厂商Pico。通过收购，Pico将并入字节跳动的VR相关业务，与字节跳动VR方面的技术实力和内容资源进行整合。Pico成立于2015年3月，创立人为现任CEO周宏伟，是北京小鸟看看科技有限公司旗下品牌。作为一家专注移动虚拟现实技术与产品研发的科技公司，Pico还与歌尔股份建立了战略合作关系，而且在此次收购后，Pico会继续与歌尔合作，以确保供应链的稳定运转。

根据《IDC全球增强与虚拟现实支出指南》提供的数据，2020年Pico在中国VR硬件中的市场份额居首位。不仅如此，在硬件设备方面，2021年5月，Pico发布其新一代VR一体机Pico Neo3，其各项硬件参数与定价已经基本与Oculus Quest2相当；在游戏作品方面，2021年Pico持续推出VR游戏大作，并计划在未来加大游戏开发和引进力度；在内容方面，Pico已经建立了属于自己的开发者社区，并吸引了大量的优秀开发者入驻。收购Pico，对于字节跳动而言，能够吸纳Pico在VR方面的硬件、软件、人才等资源，便于其元宇宙生态体系的搭建。

除以上的投资并购举措外，字节跳动已经在VR/AR领域进行了长期的探索，并取得了多个技术成果。以旗下产品抖音为例，2017年，抖音已经在国内率先推出VR社交、AR互动、AR滤镜、AR扫一扫等功能。

◆ 底层逻辑：元宇宙与VR/AR的关系

虽然关于元宇宙真正的内涵和最终的形态，仍然尚未有定论，但涉及元宇宙的技术层面，可以肯定的是其主要问题有三个，即元宇宙的进人方式、元宇宙呈现的形态以及元宇宙自运行的维持。而元宇宙的搭建，也包含三个层面：其一，需要人工智能技术提供所需的内容；其二，需要VR技术为用户带来沉浸感；其三，需要区块链技术支撑底层的经济系统。

"沉浸感"作为元宇宙的一个重要特性，需要用户借助一个智能终端设备接入实现，而VR设备就完美满足了这一需求。如果说元宇宙是互联网的终极发展形态，那么VR/AR技术就是引发互联网革命的导火索。因为VR/AR不仅是使得用户获得沉浸感的主要技术手段，也是元宇宙的构成要素。用户从现实世界进入元宇宙的虚拟世界，必须借助专属的"钥匙"，而VR就是这样一把"钥匙"。对于布局元宇宙的企业而言，获取"钥匙"是其中至关重要的一环，这也是字节跳动进行以上投资布局的战略意图。

作为一家以建设"全球创作与交流平台"为愿景的企业，字节跳动的基因可以说与元宇宙非常契合。在投资光舟半导体以及收购Pico后，字节跳动有望打通涵盖硬件、软件、内容、应用和服务等环节的虚拟现实产业链，构建竞争力极强的VR生态圈。

不过，从元宇宙的发展趋势来看，VR硬件厂商未来的发展重点主要有两个，其一是生产高质量的内容，其二是取得价格方面的优势，只有这样才有利于推动元宇宙的后续发展。最终，在完善的内容生态以及成熟的技术实力的支持下，元宇宙的庞大构想将有望实现。

第9章
掘金时代：元宇宙世界的创业机会

01　VR/AR：开启下一代计算平台

随着5G、人工智能、云计算等技术的持续发展和融合应用，VR/AR产业也进入了新的发展阶段。根据2020年11月发布的《IDC全球增强与虚拟现实支出指南》，预计2020年全球VR/AR市场的同比增长率为43.8%，支出规模可以达到120.7亿美元；预计2020—2024年全球总支出规模的复合年增长率（CAGR）将达到54.0%，发展态势良好。

相比人工智能、区块链等，VR/AR产业为何会获得如此快速的发展，并成为元宇宙从概念走向现实的必经阶段呢？这主要是由VR/AR产业的性质决定的。人工智能、云计算、物联网等技术的主要功能是为其他产品赋能，比如使得信息记录系统不易被篡改、使得信息分析系统更加准确、高效等，而VR/AR则是可以不必依托于其他的产品而独立存在的。

可以说，继电脑、智能手机之后，VR/AR设备是新一代具有代表性的消费级计算机科技产品，而这一产品形态的进化也符合便捷、智能的发展趋势。

由于受到新冠肺炎疫情的影响，消费、办公、教育等多个领域都已经进入线上时代，这也带动了虚拟现实行业的发展。根据《毕马威2020科技行业创新》报告，企业在虚拟现实方面的投入大幅增加，36%的企业在该领域的投资额提升了1%～19%，21%的企业提升了20%～39%，更有14%的企业投资力度增加超过40%。

另外，随着以Facebook Quest2、微软Hololens2等为代表的VR/AR终端的推出，进入2021年后，VR/AR终端在市场规模持续上涨的同时，平均售价也会逐渐降低。

◆ VR产业

VR产业的发展情况可以从两个方面来看，其一是相关的硬件产品，其二是其应用领域。

（1）硬件产品

经过几年的积累，VR硬件产业也进入了蓬勃发展阶段，其中具有代表性的有Facebook旗下的头显设备。2019年，初代Oculus Quest虚拟现实头盔一经发售就取得了巨大的成功。2020年10月，Facebook的第二代独立虚拟现实头盔Oculus Quest 2上市，相比初代产品，Oculus Quest 2不仅性能更强、屏幕分辨率更高、外形设计更加人性化，其价格也比初代Quest降低了100英镑。根据Facebook内部提供的数据，Oculus Quest 2半年的销售量就已经超过历代Oculus VR头显的销量总和。而根据SuperData、RecRoom等机构的统计和预测，估计2021年全年Oculus Quest 2的销量能够达到500～900万台。

（2）应用领域

游戏市场作为VR硬件产品的主要应用领域之一，不仅能够带动相关硬件产品销量的增长，也会促进整个VR产业走向繁荣。以著名的VR游戏"Half-Life：Alyx"为例，其上线后ValveIndex头显相继在31个国家售罄。不仅如此，在教育、旅游等其他多个行业中，VR也体现出不容小觑的商业价值。

◆ AR产业

与VR产业相比，AR产业的发展稍显缓慢。由于产品形态以及价格等方面的限制，目前AR产品还未达到消费级。随着5G等相关技术的发展，以及应用场景的进一步开拓，可能在未来比较短的时间内，光波导镜片等产品的技术和量产难题都将被逐渐突破。以AR眼镜为例，在技术的赋能以及用户需求的刺激下，AR眼镜的功能获得提升的同时，其形态也会更加接近普通眼镜，更便于用户佩戴和获得良好的使用体验。

基于AR的远程协作，需要通过设备进行声音、图像等信息的采集，然后经无线网络传输至后台获得技术支持。在各互联网巨头的带动下，AR产品将有希望进入C端市场并应用于丰富的场景中。

02 泛娱乐：内容经济时代的来临

元宇宙的终极发展目标是成为一个极度真实的虚拟宇宙；而真实的宇宙一直处在持续扩张状态，经历着有序到无序的熵增过程，对内容的体量、内容的再生以及内容之间的交互有着较高的要求。

创建元宇宙的一个必备条件就是必须拥有足够体量的内容。目前，很多动漫公司或者电影公司都在试图通过内容打造自己的IP宇宙，例如"封神宇宙""唐探宇宙"等，希望通过不断产出内容建立起逻辑能够自洽且可以不断发展的世界观。

在IP宇宙打造方面，目前最成功的当属漫威宇宙。2008年，电影《钢铁侠》上映拉开了漫威宇宙的序幕。迄今为止，漫威宇宙系列历经13年，产出了23部电影、12部电视剧，打造了一系列经典IP。漫威宇宙以漫威漫画为基础，与其他漫画、电影、动画等产品一起构成了一个多元化的宇宙。

漫威宇宙的创建有两条途径：一是从漫画到单英雄电影，再到多英雄联动；二是推出了许多衍生产品，通过衍生产品增强漫威宇宙的渗透度。因为只有一个IP或者多个独立IP是无法形成宇宙的，宇宙必须由一系列IP构成，这些IP之间必须具有强关联性，通过多元化的内容丰富世界观，再加上用户的二次创作才能形成。

宇宙形成了初始状态之后，需要通过多元化的UGC（User Generated Content，用户生产内容）不断拓展边界。从内容生产演进的过程看，目前我们正处在从PGC（Professional Generated Content，专业生产内容）向UGC发展的阶段，无论内容产能还是主流社交形态都得到了极大的发展。

例如开放世界游戏GTA，由于开发团队的产能有限，所以单纯第一方游戏内容的边界比较狭小。随着玩家自制的游戏模组越来越多，游戏的内容体系不断丰富，游戏的边界也越来越宽。UGC内容生产模式极大地丰富了内容体系，这一点已经在抖音、快手、Bilibili等平台得到了验证。在这些平台的内容构成中，PGC只占很小一部分，绝大多数是UGC，有些UGC的生产能力已经达到了PUGC[1]的水平。

UGC的一个显著问题就是质量参差不齐，想要生产出高质量的UGC，需要引入AI。目前，已经有公司开始在AI赋能内容创作领域进行探索，例如多人在线3D创意社区Roblox可以利用机器学习技术将英语开发的游戏自动翻译成中文、德语、法语等八种语言；新华社与搜狗、字节跳动、百度、科大讯飞等企业合作推出具备实时交互等功能的

---

[1] PUGC指的是UGC与PGC相结合的内容生产模式。

AI虚拟主播等。

虽然我们仍处在人工智能发展的初级阶段，很多产品和应用都不太成熟，但借助现有的人工智能工具，确实可以简化内容创作过程，减轻内容生产压力，让内容生产者将绝大部分精力放在内容质量的提升方面，无须为其他事情分心。随着人工智能不断发展，内容生产有可能进入AI创作内容阶段，内容质量全面提升，让用户在元宇宙这个虚拟世界里也能获得多元化、高质量的内容体验。

在不断发展的AI技术的赋能下，用户有望获得更具沉浸感的内容体验。目前，内容展现载体仍然是图片、文字、音频、视频等。未来，随着VR/AR/MR等技术不断发展，内容呈现方式将不断丰富，有望让元宇宙中的用户获得更具沉浸感的内容体验。相较于传统的图文内容、音视频内容来说，元宇宙中的内容呈现方式将更真实、更深入。

- 在影视方面，VR/AR互动剧可能成为内容的主要呈现方式，增强用户体验；或者利用多人社交互动模式，让用户体验到沉浸式线上剧本杀；或者利用人工智能打造开放式剧情，根据玩家选择为其匹配剧情等。
- 在音乐方面，借助MR等技术和应用，可以让用户产生沉浸式体验，甚至可以结合K歌模式，让用户与喜欢的歌手同台表演。
- 在小说阅读方面，也可以利用人工智能技术让用户产生沉浸式阅读体验。

总而言之，相较于短视频、音乐等目前主流的交互形式，元宇宙对原生互联网受众群的吸引力更强，有可能提高用户应用时长。

03 虚拟社交：打造沉浸式社交体验

作为全球最大的多人在线创作游戏平台，Roblox近年来越来越意识到社交环节对提升用户体验的价值。2021年8月17日，Roblox宣布已收购Guilded的团队。被收购对象Guilded一直致力于为竞技游戏玩家提供良好的社交平台，用户在Guilded平台上不仅可以通过语音或文本进行对话，还可以基于不同的活动内容组建社区。目前，Guilded除可以为数百种游戏提供聊天服务外，还针对Roblox、英雄联盟等热门游戏推出了更具有针对性的功能。

在国内，元宇宙领域的主要参与者之一字节跳动也在同一时期在海外（东南亚地区）上线了一款名为"Pixsoul"的产品，尝试为用户打造具有沉浸感的虚拟社交平台。实际上，早在2021年初，国内社交平台Soul就提出打造一个"年轻人的社交元宇宙"的构想。与微信、微博等社交平台不同，Soul基于兴趣图谱和游戏化玩法进行产品设计，聚焦虚拟社交网络的构建。由于以算法进行驱动，因此Soul与元宇宙在某些层面不谋而合。比如，其通过群聊派对、Giftmoji等创新的玩法能够给用户带来低延迟性和沉浸式的社交体验。

不仅如此，在艺术创作等领域，独特的社交模式也能够帮助创作者打破传统创作的限制。比如，国内领军独立手游发行平台创梦天地推出的Fanbook，就能够为粉丝创作并分享多种多样的艺术作品提供服务。在Fanbook平台上，创作者能够与粉丝零距离接触，共同创建一个社交元宇宙。

元宇宙支持用户开展社交活动，可以满足用户的社交体验，这一功能的实现主要得益于游戏性带来的高沉浸度社交体验和丰富的线上社交场景。同时，在元宇宙中，用户可以凭借虚拟的身份开展社交活动，突破物理距离以及社会地位等因素的限制，产生近乎真实的社交体验。

元宇宙是立足于游戏架构打造的虚拟世界，可以极大地增强用户的沉浸感。同时，用户的游戏行为本身就承载着一定的社交功能，例如《魔兽世界》的玩家工会、好友系统等就具备社交属性，玩家可以通过战场、副本等开展社交互动。此外，组队刷副本、阵营大战、多人组队开黑等玩法也赋予了游戏更多社交功能，尤其是《摩尔庄园》直接将游戏上升为社交活动，极大地丰富了社交场景。

除上述玩法外，还有一些游戏拥有派对模式，例如Roblox和Fornite等，支持玩家在游戏中办派对或者演唱会。例如，2021年6月，《摩尔庄园》与草莓音乐节联动，邀请新裤子乐队举办虚拟演唱会。随着元宇宙的沉浸度与拟真度不断提升，必将带给用户更真实、更丰富、更多元化的社交体验。

用户以虚拟的身份开展社交活动，可以突破很多因素的限制，例如空间地理因素、社会地位因素等,增强用户的代入感。在游戏中,用户可以创建一个虚拟身份,并按照个人喜好对这个虚拟形象进行装扮。例如,Roblox游戏有一个商店Avatar,用户可以在商店购买道具,或者自己创作道具来装扮自己、彰显个性。

同时,虚拟社交平台还消除了很多限制沟通交流的因素,例如物理距离、相貌打扮、贫富差距、种族差异、信仰差异等,让用户可以自由地表达自己。例如社交软件Soul支持用户凭借虚拟身份开展社交活动,还会根据用户的兴趣为其推送用户或内容,增强用户的归属感,成为用户缓解孤独、自由交流的重要载体。

随着底层技术不断发展,社交场景持续拓展,社交将在现实世界与虚拟世界连接过程中发挥重要作用。例如,在Soul平台,用户可以通过群聊派对开展讨论、听音乐、学习等活动,也可以玩狼人杀等游戏,甚至可以通过Giftmoji购物。未来,随着社交功能不断丰富,联通虚拟世界与现实世界的方式将越来越多,社交元宇宙将带给用户更极致的体验。

04 虚拟偶像:技术驱动的IP变现

近几年,我国在人工智能领域取得了较多突破。比如,2021年6月,我国首位虚拟人"华智冰"宣告诞生。其脸部以及声音等均通过人工智能模型生成,不仅具有良好的交互能力,而且拥有持续的学习能力,能够在"学习"的过程中不断"长大"。

实际上，关于虚拟人，比较早的可以追溯到1989年美国国立医学图书馆发起的"可视人计划"，该计划也是全球首次提出虚拟数字人的概念。目前，人们更为熟识的虚拟人则是虚拟偶像，比如日本开发商Crypton Future Media推出的虚拟歌姬初音未来以及国内最早实现盈利的虚拟歌手洛天依等。如今，虚拟偶像的形式越来越多变，比如超写实数字女孩Reddi、国风虚拟偶像翎（Ling）等，这些虚拟偶像不仅成为了坐拥数万粉丝的博主，而且与王者荣耀、李宁等知名平台或品牌实现了合作。

与之前的虚拟人相比，最新一代虚拟人的最主要特点是在技术方面的突破，VR/AR技术已经越来越多地应用于虚拟人角色的构建，使其更加"逼真"。而元宇宙概念的火热，也吸引了为数不少的资本方进行元宇宙虚拟偶像的打造。但是，由于该领域目前仍处于初级探索阶段，而且相关的技术都有待进一步发展，因此进入的门槛较高，而且面临的风险较大。

根据iiMedia Research提供的数据，2020年我国虚拟偶像核心市场规模为34.6亿元，其带动的周边市场规模为645.6亿元；预计到2021年将分别增长至62.2亿元和1074.9亿元。由于相比真人偶像，虚拟偶像具有更强的可塑性，能够根据市场的需求和"粉丝"的喜好进行设定，因此，在技术的支持下该领域市场有望保持持续增长态势。

与真人偶像的变现模式类似，虚拟偶像变现的主要商业逻辑也是粉丝经济。就目前的市场分布来看，头部的虚拟偶像主要通过IP授权或演出等获取收益，处于腰部和尾部的虚拟偶像则主要通过电商直播等获取收益。由此不难看出，虚拟偶像IP变现的渠道仍然比较单一，而在元宇宙的市场环境当中，要打造多元化的变现模式，最为关键的任务就是找到一个高度定制化的媒介。就元宇宙所涵盖的商业基因来看，以NFT为媒介进行虚拟偶像IP变现，既能够与虚拟经济的需求相契合，又能够实现IP现实价值与元宇宙虚拟经济的有效连接。

在现实世界的商业模式中，"人"，也就是消费者，是商业活动的核心，商家需要对其需求进行分析，以求在激烈的市场竞争中突围而出。在元宇宙虚拟世界的商业模式中，"人"，也就是其所代表的虚拟角色，同样是极为重要的，能够在现实世界中的用户以及虚拟空间中的物品之间打通一条价值链。这条价值链既需要反映物品所具有的价值，也需要映射出用户的真实需求。由于目前市场中的消费主力是年轻群体，因此在虚拟偶像与"人"之间建立连接能够有效地吸引消费群体。

2021年5月20日，国内首位超写实数字人（Metahuman）AYAYI "诞生"。名称为"AYAYI"的账号在各类社交平台开号发图，其中，在小红书平台，大约一个月的时间，AYAYI发布的第一张图已经收获了超过9万次点赞和1.2万收藏，更吸引了国际品牌娇兰与其合作。2021年9月，AYAYI更是宣布入职阿里，不仅成为了天猫超级品牌日的数字主理人，在未来还可能获得多重身份，如 NFT 艺术家、数字策展人、潮牌主理人、顶流数字人等。

区别于很多虚拟偶像，AYAYI 的形象更加贴近真人。如果说与此前虚拟偶像相关联的概念是"二次元"的话，那么与以 AYAYI 为代表的"超写实数字人"关联的概念则是"元宇宙"。

除通过联手超写实数字人开启元宇宙的营销世界外，阿里还将元宇宙与其商业模式进行融合。2021 年"双 11"，已经是阿里巴巴的第 12 个"双 11"。与以往的促销模式有所区别的是，这个"双 11"借用了元宇宙的力量。作为最初的发起方和活动的引领者，天猫将人、货、场的相关理论搬进元宇宙，各个品牌纷纷抢占虚拟经济赛道。之所以如此，是因为目前承载元宇宙与虚拟经济的关键，就是切入口的选择和商业生态的重构。

元宇宙之所以能够在资本圈和科技圈大热，主要就是因为这种新形态背后蕴含的经济效益。而与元宇宙基因契合的虚拟偶像能够以技术驱动 IP 变现，具有巨大的商业价值。

第四部分

赋能篇:元宇宙的应用场景

第10章
元宇宙+区块链：创造数字新世界

01 区块链：元宇宙的底层技术

相较于科幻小说《雪崩》中描写的元宇宙，目前正在发展演化的元宇宙融入了更多技术成果，包括VR、AR、ER、MR、游戏引擎等。在这些技术的支持下，元宇宙有可能成为一个与传统物理世界平行的全息数字世界，为信息科学、量子科学带来机遇，推动数字与生命科学相交互，推动科学范式发生改变，推动传统的哲学、社会学、人文科学体系取得重大突破。此外，元宇宙还将与区块链技术、NFT等数字金融成果相融合，进一步丰富数字经济转型模式，为人类社会的数字化转型提供一条新路径。

"同伴客"指数研究机构将2021年称为元宇宙大爆炸元年。在宇宙大爆炸初期，物理世界呈现出非线性暴胀状态，目前的元宇宙就处在这一状态，无法用简单的数字指标对其大小、膨胀速度进行描述。但对于这个快速发展的新世界，人们总是想给出明确的解释。

同伴客认为，描述这个新世界最好的方法就是用"新世界在'旧世界'价值体系（公开交易市场）中的交易价格对其进行衡量"。通过对目前市面上元宇宙项目的市值、概念契合度、市场潜力进行对比，对大量的市场研究报告进行分析，同伴客选择了十个元宇宙项目，利用市值加权平均的方式计算出了它们的价格均值，形成了元宇宙价值指数。

元宇宙的创建需要众多技术支持，区块链就是一项关键技术。如果没有区块链，元宇宙可能永远摆脱不了游戏形态。区块链可以将现实世界与虚拟世界连接在一起，将虚拟世界打造成一个和现实世界相对的平行宇宙，保护用户虚拟身份以及虚拟资产的安全，让用户在这个虚拟世界进行价值交换。同时，区块链可以提高系统规则的透明度，让玩家成为游戏的主导，将游戏变成一种经历、一种生活方式。

◆数字孪生提供元宇宙的创世元素

2020年，腾讯内部年刊刊载了马化腾的一篇文章——《三观》，文章写道："这是一个从量变到质变的过程，它意味着线上线下的一体化，实体和电子方式的融合。虚拟世界和真实世界的大门已经打开，无论是从虚到实，还是由实入虚，都在致力于帮助用户实现更真实的体验。""虚拟世界和真实世界的大门已经打开",虚拟世界与真实世界的融合,描述的不正是元宇宙吗?除元宇宙外,这段话还涉及另外一个概念,就是数字孪生。

数字孪生,也被称为数字映射、数字镜像,官方定义是"充分利用物理模型、传感器更新、运行历史等数据,集成多学科、多物理量、多尺度、多概率的仿真过程,在虚拟空间中完成映射,从而反映相对应的实体装备的全生命周期过程"。

简单来说,数字孪生就是参考真实的物理世界,按照1∶1的比例在虚拟世界创建一个"数字孪生体"。在这个过程中,数字孪生将物理世界映射到数字宇宙成为一个数字体,赋予数字世界基本的生长元素,最终实现数字原生、虚实相生。

◆跨链技术解决不同元宇宙的资产流转

为解决资产流转问题,元宇宙将创建一套独立的金融体系,利用超级账本将虚拟资产以链上资产的形式记录下来,然后利用智能合约进行交易。这个金融体系会利用哈希算法保证数据的一致性,防止数据被篡改,并利用非对称加密算法建立安全的账户体系。DeFi可以让元宇宙内的资产真正地流通起来,这是资本最看重的价值点。元宇宙的早期参与者可以创建社区,让各类生产要素流动起来,然后再利用跨链技术促使不同元宇宙内的资产实现流转。

02 分布式资产流通及交易

从数字时代的演进路径来看，元宇宙的出现具有一定的必然性。智能终端设备的普及应用、5G基础设施的完善、电商的快速发展、短视频与游戏生态的繁荣以及共享经济的落地，从技术层面对元宇宙的出现与发展产生了推动作用。新冠肺炎疫情的持续以及Z世代（一般指1995—2009年出生的一代人）、赛博朋克等文化的加持，从社会层面进一步加速了元宇宙的到来。

在数字化浪潮下，人们的工作方式、职业选择发生了很大的变化。受新冠肺炎疫情的影响，人们逐渐养成了线上工作、学习、娱乐的习惯，互联网时代出现了很多自由职业，企业的组织形式发生了较大改变，再加上Z世代对虚拟世界的依赖与沉浸，这些都对元宇宙的到来产生了积极影响。

由于关于元宇宙的相关探索仍然处于初级阶段，因此缺乏共识。但关于元宇宙的特点，目前得到较多支持的是风险投资家Matthew Ball提出的观点，即元宇宙主要具有五大特征：稳定的经济系统、开放的自由创作、强社交属性、虚拟身份认同和沉浸式体验。

区块链技术具有不可伪造、全程留痕、可以追溯、公开透明、集体维护等特征，能够解决元宇宙平台去中心化价值传输与协作问题。区块链作为一个共享的数据库，能够实现元宇宙平台中的价值激励与价值传递。在区块链技术和智能合约的协同作用下,元宇宙中的价值可以有序流转,从而保证元宇宙中的经济规则透明且能够被确定地执行。而且,由于解决了中心化平台的垄断问题,元宇宙中的虚拟资产能够不受内容、平台等因素的局限而更加顺畅地流通。

依赖于区块链技术,用户在元宇宙中的权益记录是去中心化的,也就是说用户所获得的虚拟资产将不会仅能应用于一个机构,而是可以根据需要随意进行交易、流通或其他处置,不会受到所谓中心化机构的制约。

区块链的"诚实"和"透明",使得其应用于任何场景中,都能够有效解决信息不对称的问题,而基于区块链的去中心化金融生态体系,也能够为元宇宙建立一个行之有效的金融系统。在这样的基础之上,用户能够获得门槛和成本极低而效率超高的金融服务,可以自由地进行虚拟资产的保险、证券化以及抵押借贷等。

这种高质量的金融服务,也从另一个维度强化了元宇宙中用户的虚拟物品所具有的资产属性。由此,稳定的虚拟产权和完善的金融生态,决定了元宇宙中的经济系统具备一定的市场功能,用户通过创作和劳动所获得的虚拟资产的价值均由其所在的市场决定。

在以往的多种平台中,用户花费大量时间和精力所获得的虚拟资产难以有效流通,而区块链技术的应用则大大降低了虚拟资产跨平台流通的难度。以网络游戏平台为例,用户所拥有的虚拟资产由该游戏运营平台的数据库进行记录,如果需要跨平台流通则需要这几个平台的数据库互联互通，不仅实现难度高，所需成本也难以为平台运营方所接受。而借助NFT进行虚拟资产的记录，并基于区块链技术进行交易，不仅大大降低了虚拟资产流通的成本，而且在提高资产结算效率的同时也降低了信用风险。

03 基于区块链的分散式标识符

随着互联网相关技术的发展以及用户规模的扩大，互联网账户的数目也越来越庞大。不过，虽然这些互联网账户中所包含的信息都是用户自己的数据，但无论就法律层面还是技术层面而言，用户都既不拥有这些互联网账户，也不能进行利益方面的管控，而互联网账户中用户数据的泄露和滥用问题却越来越突出。如何让个体拥有自己的数字身份，并对其中所包含的信息进行存储和保护，也就是去中心化的身份认证问题，已经成为互联网用户最为强烈的需求之一。

分散式标识符（Decentralized Identifier，DID），是能够对用户数字身份的"自我主权"进行验证的一种新型标识符。其基于区块链技术，能够对用户的数字身份进行创建、验证等管理，以保证用户的身份信息得到有效的保护和规范的管理。

与其他的联合标识符不同，分散式标识符所需要标识的对象由其控制者决定，且独立于集中式注册表、身份提供者或证书颁发机构。分散式标识符拥有极高的可解析性以及可以解密以及可进行加密验证等优点。而且，为了构建更加安全的通信信道，分散式标识符通常与公钥和服务终端等加密内容进行关联。每个分散式标识符中都包含加密材料、验证方法或服务端点等信息，而这也就保证了用户对分散式标识符文档的控制。

不仅如此，分散式标识符除了是一种全球性的唯一标识符之外，也是应用于互联网空间的一种全新的分布式数字身份和公钥基础设施（PKI）层的核心组成部分。

分布式数字身份的优点主要表现在以下三个方面：

◆ **安全性**

这也是分布式数字身份最主要的优点。由于用户的数字身份标识经过脱敏设置，因此可以最大限度地避免用户的数据信息被泄露。在用户许可的情况下，其身份信息的提供坚持最小披露原则，且不会被无意泄露。此外，用户可以长久保存相关的身份信息。而这也就使得用户可以自己完全管理和控制实体的现实身份和可验证数字凭证等个人信息，未经过授权的机构无法获得与用户有关的实体信息。

◆ **身份自主可控**

由于分散式标识符将用户的主体身份与数字身份紧密关联起来，并且只有经过用户的授权才能够合理使用，因此，用户的身份是自主可控的，不依赖于任何第三方进行身份信息管理。

◆分布式

在分布式数字身份系统中，用户身份信息管理是去中心化的，因此也可以避免被随意地泄露和篡改。基于这样的数字身份系统，个体在互联网空间中交流的基础是自己的身份数据，而不需要依赖于特定的第三方平台。而从平台的维度来看，分布式数字身份也更有利于平台之间的平等合作，共同为用户提供服务。

04 分布式治理与决策机制

在传统的互联网生态中，中心化的平台由于占据流量方面的优势和规则方面的非对称优势，因此其运营模式往往是基于平台的立场和利益，这也就在一定程度上损害了用户的利益。而在元宇宙中，如果依然沿袭这样的逻辑，搭建以中心化平台为主导的商业模式，那么基于流量方面的自然垄断性，元宇宙中的垄断必然是更大规模、更深层次的，这必然不利于元宇宙的健康、可持续发展。

为了解决中心化平台的垄断问题，可以借助区块链技术将元宇宙构建为一个典型的区块链分布式自治组织。通过对区块链技术的应用，元宇宙当中的用户身份信息以及虚拟资产等可以不受特定平台的管理和控制，而是以加密信息的方式被存储在区块链底层平台。

由此，特定的平台便不能垄断用户的信息，不能对用户的信息进行擅自传播和滥用，只能为用户提供服务。由于建立了智能合约，因此平台可以真正实现去中心化运行。而且，通过精心设计规则、扩展机制及共识机制与决策机制，组织管理的成本会大大降低，组织管理的效率得以提升，保障组织预设目标的达成。

所谓分布式治理，主要涵盖以下四个方面的内容，如表10-1所示。

表10-1　分布式治理的主要内容

分布式治理	主要内容
愿景和价值观	元宇宙中的创始文档、网络启动方面所包含的细节等均能够体现建立元宇宙的愿景和秉承的价值观
软件协议	主要用于界定网络中的交易以及其他重要的信息，其中包含的针对软件本身的修改规则，即链上治理部分
规则	包括内嵌于软件协议中的规则和软件协议外部的规则和规章制度
社区协调和管理	软件外部规则的主要功能是帮助协调更广泛的社区活动的组织，即链外治理部分，该部分与传统的免费开源软件项目的治理具有一定的相似性

在以上提到的内容当中，链上部分是分布式治理创新性的主要体现。当元宇宙中涉及与链上数据分析、通证化、自动化等有关的内容时，相关软件的更新以及通证资源的分配等将呈现出其所具有的独特优势。

第11章
元宇宙+游戏：重构游戏产业格局

01 游戏：元宇宙的基础形态

元宇宙之所以广受关注，就是因为它能带给用户更丰富、更优质的体验，拥有巨大的发展潜力与广阔的发展空间。那么，究竟元宇宙能带给用户怎样的体验呢？从元宇宙的特征来看，元宇宙能够满足用户更多线上线下一体化的体验，具体包括游戏、社交、消费等，开创一个各行各业全面数字化的全真互联网时代。

目前，人们已经将Roblox、Fortnite等游戏视为元宇宙的雏形，未来，游戏将对元宇宙的发展产生持续的驱动作用。以游戏为基础，元宇宙可以带给用户更丰富的泛娱乐体验。

元宇宙是参照现实世界打造的一个虚拟空间，这一点与游戏相似，因为游戏也是基于对现实的模拟与想象打造出来的虚拟世界，二者的形态非常相似。并且，元宇宙的搭建需要借助游戏来实现，游戏为元宇宙的搭建提供了底层逻辑。在游戏的基础上，元宇宙做出了进一步的延伸与拓展。

（1）以现实世界为基础打造虚拟空间

游戏和元宇宙都是以现实世界为基础打造虚拟空间，其中，游戏是立足于现实世界，通过创建地图和场景打造一个有边界的虚拟世界。例如，《侠盗猎车手5》是一款开放世界动作冒险游戏，为用户提供一张洛圣都大地图，让用户在游戏打造的虚拟世界中自由探索。再如，AR游戏《精灵宝可梦Go》立足于现实世界打造了一个宝可梦世界供玩家探索。开放世界游戏也好，AR游戏也罢，它们都是元宇宙展现方式的基础。因为元宇宙要在游戏的基础上打造一个边界不断扩张的虚拟世界，用来承载不断增加的内容。

（2）用户都会有一个虚拟身份

无论在游戏世界里，还是在元宇宙世界里，用户都会有一个虚拟身份，并且要借助这个虚拟身份开展社交、娱乐、交易等活动。例如，腾讯手游《天涯明月刀》通过个性化捏脸的方式塑造人物形象，《摩尔庄园》等社交游戏为用户提供丰富的社交网络。元宇宙作为一个统一的体系，虽然由不同的商业主体开展活动，但需要对身份系统进行统一管理。

元宇宙的身份管理和多人在线3D创意社区Roblox相似，虽然

Roblox平台上有很多游戏，但这些游戏共用一个社交关系和一套身份系统，带给用户优质的游戏体验与社交体验，收获了一大批高忠诚度用户。

（3）游戏引擎提供强有力的支持

游戏引擎为元宇宙打造沉浸感、拟真度都比较强的虚拟世界提供了强有力的支持。作为一个可以实现实时交互的超大规模的数字场景，元宇宙需要多元化的能力来处理海量高度拟真的信息，并且这种能力需要被包装成简单易用的工具与内容创作者和开发者共享。游戏引擎就是一种这样的工具，具有突破次世代技术的能力，可用于打造一个更拟真的场景。

02 沉浸式、多元化的游戏体验

经过技术人员、开发人员多年的探索与打磨，游戏有了非常丰富的玩法。这样一来，元宇宙以游戏为底层框架，就可以带给用户更多元化、更具沉浸感的体验。但游戏毕竟是元宇宙的初级形态，也就是说，相较于游戏，元宇宙的沉浸感、自由度和内容衍生还有很大的提升空间。

在游戏的世界里，开放世界游戏满足了用户对沉浸感的要求，沙盒类游戏满足了用户对自由度的要求，模拟类游戏满足了用户对拟真度的要求，元宇宙应该集成上述三类游戏的优点，衍生出更多元化的体验，进一步满足用户需求。

开放世界游戏满足了用户对沉浸感与自由度的追求，这类游戏的典型代表就是Take-Two开发的《侠盗猎车手5》。这款游戏打造了一个虚拟城市，通过为用户提供拥有丰富细节的洛圣都大地图，让用户在游戏中自由探索城市，在完成主线任务的同时可以进行各种非线性的支线任务，驾驶改装载具进行街头竞速，体验很多在现实生活中无法体验到的感觉。这款游戏对真实城市场景的还原度极高，并且支持用户自由探索，带给用户极强的沉浸感体验。

除此之外，CDPR推出的客户端游戏（以下简称端游）《巫师》系列、米哈游推出的手机游戏（以下简称手游）《原神》等也带给用户不错的体验，获得了众多好评。未来，随着游戏引擎不断升级，元宇宙的渲染效果、场景细节的丰富度将不断提升，而且元宇宙将摆脱常规的地图边界，做到真正意义上的开放。

沙盒游戏融入创意玩法，为玩家提供自由创作的空间，典型产品如Mojang Studio开发的《我的世界》，这款游戏可以随机生成3D世界供玩家探索、交互。在游戏中，玩家可以采集矿石、与敌对生物战斗、合成新的方块、收集资源，甚至可以建造房屋，进行艺术创作，通过红石电路、矿车及轨道实现逻辑运算与远程动作。

Minecraft凭借支持玩家自由创作这一优点吸引了大量玩家进入。据统计，目前，这款游戏的手游和端游玩家已经超过了4亿人，拥有的优质创意资源超过了5万。沙盒游戏凭借强大的UGC生态形成了长线产品生命力，同理，元宇宙也可以以UGC生态为基础不断拓展边界，创建一个健康、可持续循环的生态系统。

模拟游戏通过模拟环境与行为实现了高度拟真，满足了玩家对拟真度的要求。模拟类游戏的代表产品包括《模拟人生》"Euro Truck Simulator"等，前者是在架空世界的基础上开发的生活类模拟游戏，后者是在现实世界的基础上开发的卡车司机模拟游戏。这些游戏的共同点都是通过对环境以及行为方式的模拟，增强玩家的沉浸感，让玩家可以在虚拟的世界中产生"真实"的生活体验和驾驶体验等。未来，随着VR/AR/MR等技术和设备的不断发展，模拟游戏的拟真效果将大幅提升，元宇宙也将在此基础上打造一个无限接近现实世界的虚拟世界。

03 始于游戏，不止于游戏

游戏世界作为一个虚拟的空间，在满足用户休闲娱乐需求的同时，还能为人们想象力的发挥提供广阔的空间。而随着数字技术的发展，游戏领域的潜能也进一步得到释放，开发者和玩家能够一起在游戏世界中创造出超越现实世界的场景，并获得极佳的智能交互体验。借助先进的VR/AR等设备，人们与虚拟世界的距离将会不断被拉近，而5G等移动互联网技术的发展也将进一步推动元宇宙时代的到来。

关于游戏的价值，可以参考著名哲学家席勒的一句话，他说："游戏是人们利用剩余的精神创造的一个自由世界。"由此可见，游戏的价值不局限于传统的社交价值、学习价值或艺术价值，由于人的本质是一种社会性动物，具有强烈的社交需求，因此游戏的最终价值是个体学习如何构建自我以及实现社会化。

广义的游戏是所有哺乳类动物（特别是灵长类动物）学习生存的基础，是处于任何成长阶段的个体都需要的一种行为方式。比如，个体在幼年时期通过游戏中的角色扮演，能够产生强烈的自我意识，并加快自我构建的过程；而且，通过参与游戏，个体还可以学习如何在集体中控制自己的行为，更顺畅地融入社会；更为重要的是，对个体而言，其在游戏中能够获得的"自由"，是超越现实世界、不受现实规则束缚的。

1981年，第一个开放世界游戏《创世纪1》推出，此时游戏所追求的不再是单纯的打斗、竞技或博弈，而是希望打造一个令人沉浸其中的虚拟世界。由沙盘游戏演变而来的沙盒游戏，则进一步提升了游戏的等级，由于创造是该类游戏的核心玩法，因此用户在此类游戏中拥有相当高的自由度，可以借助游戏中提供的内容打造自己独创的东西。

世界最大的多人在线创作游戏平台Roblox在沙盒游戏用户参与创作理念的基础上，引入了更加开放的经济系统和生态系统，用户不仅可以自己创建游戏内容，也可以将创作的成果转换为真实的物质收益。在一定层面上，沙盒游戏与元宇宙具有一定的共同性，即对自由度的追求；但二者也存在明显的差别，沙盒游戏中游戏的虚拟引擎主要是为了还原现实世界的物理规律，而并非在虚拟世界与现实世界之间建立连接，因此用户沉浸感仍然比较低。元宇宙所追求的则是独立于现实世界之外的虚拟世界，对于虚拟身份和虚拟资产的要求更高。

此外，网络游戏发展所呈现出来的另一趋势为：游戏的外延正不断扩展，边界逐渐向外扩大。疫情在全球的蔓延更加剧了这一趋势，网络游戏的功能似乎已经超越了游戏本身。因此，虚拟的场景以及玩家化身等特点，使得游戏领域被公认为最有可能实现元宇宙理念的领域之一。

当然，元宇宙的含义不仅局限于社交或游戏等特定的领域，而有其更深、更广的内涵。元宇宙将从根本上改变人类对于自我的认知，社会的发展和技术的进步都会驱使我们向虚拟时空跃迁。元宇宙是人类在虚拟时空中存在的方式，而这种存在甚至超越现实世界所涵盖的内容，更少受到物理规律的制约。

实际上，关于元宇宙的遐想在各种文艺作品中并不少见。比如，电影《黑客帝国》中的个体都生活在一个名为"矩阵"的世界中；电影《阿凡达》中"Avatar"一词即意为"网络分身"；《上载新生》中，个体死亡之后可以上传自己的意识，实现数字层面的永生；电影《西部世界》所描绘的是人工智能"游乐园"。

随着技术的发展，元宇宙将会以更为明确的形式呈现在人们眼前。届时，元宇宙平台所承载的功能将极其丰富，可以满足用户的多种需求，比如创作、社交、娱乐、教育等。这些社会性、精神性活动在虚拟空间中进行，用户能够得到极大的满足感。个体可以通过元宇宙空间满足精神方面的需求，获得心理慰藉；可以依据自己的喜好进行社交，结交志同道合的朋友；可以依托平台的支持进行创作，在发挥想象力的同时获得真实的报酬。总之，元宇宙的存在可以让用户获得开放性、沉浸式的交互体验。

需要特别说明的是，元宇宙之所以与网络游戏等内容不同，主要的区别就在于：元宇宙能够稳定坚实地承载个体的社交身份和资产权益。而财产权利的稳定性正是一个社会能够源源不断地提供幸福感的保障，元宇宙这一与现实世界相同的底层逻辑，也就使得其获得了无限的发展潜力，任何个体都能够借助元宇宙平台的支持进行创造，并且创造的成果可以受到平台的保护。

因此，用户在元宇宙中所进行的创作、交易等活动与现实世界中的创作、交易等活动基本相同，不过，用户在元宇宙中的活动具有更高的自由度，可以不受一些现实因素制约。比如，任何个体获得土地使用许可后，都可以建造房屋、公园等，然后轻松进行交易。

元宇宙之所以具备这样的特性，离不开区块链等技术的支撑。

04 元宇宙时代的游戏营销变革

在现实世界，品牌对消费者的争夺已经达到了非常激烈的程度，元宇宙的诞生为品牌拓展了一个全新的营销空间。在这个空间里，Z 世代年轻群体是主要消费群体。对于这个群体来说，游戏环境首先是社交空间，他们可以在这个空间相遇、合作、竞争、比赛、创造。虚拟游戏与虚拟社交全面渗透人们的生活为品牌创造了一个机会。品牌可以加入其中，成为元宇宙的一部分。具体来看，元宇宙与品牌、游戏的结合将带来哪些优势呢？

◆ 更高的集成性

品牌进入元宇宙往往会和特定的主题或流派绑定，实现更广泛的产品集成。例如，未来，玩家进入虚拟游戏可能会看到一场购物狂欢节，和"双11""6·18"相似，所有品牌都可以参加，通过虚拟偶像以更酷炫的方式向玩家展示自己的新产品，吸引玩家下单购买。玩家拍下产品后，不仅可以在游戏中获得相应道具或者收藏级的 NFT，还能在现实生活中拥有该产品。当然，整个过程只在固定空间里发生。

除此之外，玩家进入游戏还有可能看到各种盛会，例如时装周。在时装周上，玩家可以看到不同品牌展示衣服，如果对某件衣服感兴趣，可以通过自己的捏脸人物进行试穿，如果满意可以下单购买。玩家在游戏中购买的衣服，也可以在现实场景中拥有。

元宇宙打破了物理空间的限制，因此在元宇宙中，不同的品牌可以相互合作，以数字化的形式创造一些在现实生活中无法实现的场景。

◆更高的品牌自由度

在元宇宙中，品牌可以自主决定美学取向，收集数据对用户的参与度进行评定，打造更精细、更极致的用户体验，进而带动现实世界的产品展示形式发生巨大改变。

试想一下，品牌进入元宇宙之后，可以不受任何物理条件以及其他外部因素的限制，自由地获取灵感、设计产品、塑造品牌形象、与用户交流互动、为用户定制体验、为用户提供多元化的购买机会等。也就是说，在元宇宙中，品牌可以自由地释放所有想象力，将在现实世界无法实现的设想付诸实践。

在元宇宙中，用户可以自由地交换产品，获得超乎想象的购物体验。此外，品牌还可以根据用户需求不断更新内容，紧跟文化发展浪潮，充分释放品牌创意，创造出更能体现品牌文化、更符合消费者个性化需求的产品。

◆更灵活的营销形式

在这个虚拟的世界中，每个营销人员都可以找到植入品牌、开展品牌营销的机会，可以完成在任何其他渠道都无法完成的测试活动。在这个游戏世界，品牌可以采用多种方式与消费者互动，除常规的广告牌、视频、互动广告外，有一些大品牌还推出了企业超现实虚拟人，将其作为打开元宇宙、在元宇宙开展营销活动的秘密武器。

品牌推出虚拟人之后，就可以大胆探索与游戏的合作方式以及与用户的交互形式了，例如品牌虚拟人获得游戏IP授权，结合游戏特点创造出新的形象；虚拟偶像变成虚拟NPC，设置品牌场景和品牌任务等。

除此之外，品牌还可以设想其他的营销方式。例如，花西子的虚拟人可以和一些古风游戏合作，在游戏中售卖胭脂水粉；青岛啤酒的虚拟人"哈酱"可以和《和平精英》《绝地求生》等游戏合作，在游戏中设置青岛能量补给站销售啤酒；除此之外，在《永劫无间》进入倒计时战场环节，可以推出国风品牌大促活动，邀请各大品牌的虚拟人在备战地图中开设店铺，销售品牌产品，玩家可以在店铺中购买具有品牌特色的一次性装扮与道具进入战场。这种极尽真实的品牌与用户的交互体验都可以在元宇宙的虚拟游戏中实现。

在真实世界中，品牌与游戏合作开展营销活动并不罕见，并且诞生了很多成功的案例。例如，国产网游《梦幻西游》与张艺兴、《鬼武者》与金城武、《孤岛惊魂》与迈克尔·曼多等。只是这些合作对明星资源的挖掘比较浅，只对明星形象进行开发使用，还有很多价值点没有挖掘。进入元宇宙时代之后，随着各项技术不断成熟，对明星资源的挖掘使用将更加彻底，品牌与游戏的合作方式也将实现巨大创新。

随着元宇宙接入金钱、身份、信任等元素，品牌与消费者将从单纯的买卖关系转变为合作伙伴关系，他们之间不仅可以围绕产品，还可以围绕广告与虚拟形象展开互动。品牌与消费者通过分散的商业活动联系在一起，既可以通过线下品牌的影响力帮助游戏产品打破原有的圈层，又可以通过线上线下两个渠道刺激玩家产生购买冲动，将用户价值充分释放出来。

总而言之，在元宇宙概念火爆的当下，品牌要秉持开放心态，积极了解元宇宙，探索与Z世代消费群体互动的新渠道。当然也要认识到，元宇宙在为品牌营销带来机会的同时，也带来了很多挑战。要抓住机遇，迎接挑战，利用元宇宙带领品牌营销迈向新阶段。

第12章
元宇宙+电商：驱动传统电商变革

01 元宇宙时代的购物新体验

在VR、AR、人工智能等技术的赋能下，消费者在线上购物的过程中将获得更加丰富的信息以及更加直观的体验。线上购物的发展可以追溯至电话购物，之后随着互联网的发展转变为图文电商，再到现在的直播电商、内容电商。在这个过程中，用户通过平台获取的信息量不断增加，购物体验持续提升。通过直播电商，用户可以获取商品的完整信息，对商品做出全方位了解。

从传播学的角度看，视频的传播能力要比静态图文的传播能力高很多。同时，随着内容电商兴起，小红书、抖音、快手、Bilibili等平台涌现出一大批种草KOL（意见领袖），他们立足于用户需求为用户推荐产品，全面展示商品信息以及使用感受，进一步丰富了消费者能够获取的信息，并且颠覆了传统的消费流程，对消费者的购买行为产生了极强的引导作用。

在元宇宙中，用户的消费体验将进一步提升。在VR/AR等技术与产品的助力下，消费者可以更直观地获取产品信息，享受更具沉浸感的购物体验。

医美机构新氧推出一项AR检测脸型服务。用户使用手机扫描自己的脸部就可以获得自己的脸型信息，还能获得App推荐的妆容、发型、护肤品以及专业的美容建议等。得物App推出一项AR虚拟试鞋功能。用户选好鞋型与颜色之后点击"AR试穿"就可以看到试穿效果，减少了因为鞋子上脚效果不好引发的退换货事件。

2021年4月，天猫3D家装城正式上线，这个家装城将搭建1万多套3D空间，将线下的Cabana、北欧风情Norhor家居集合店等线下家居卖场搬到线上，并和全友、林氏木业等品牌合作，搭建不同风格的3D空间，让消费者体验"云逛街"。为了这个项目，阿里巴巴自主研发了一套免费的3D设计工具。在这款工具的支持下，商家只需要上传商品实物图，就可以获得高清货品模型，极大地简化了建模方式。另外，在这个3D家装城中，消费者可以近距离地查看商品的细节，获取自己所需的所有信息，还可以将商品与其他商品放在一起查看搭配效果，甚至可以自己动手布置家居场景，对这些产品进入自己的家后给家庭生活带来的改变进行畅想。

虽然元宇宙是一个虚拟空间，但它能带给品牌的营销机会却是真实的。未来，电商行业的从业者结构将发生较大改变，企业电商的占比将减小，个人电商的占比会提升。因为一些人可以在元宇宙中创造内容，将其转化为现实的收益，不需要依赖线下的收益生存。随着进入元宇宙"谋生"的人越来越多，元宇宙有可能成为一个比现实世界大很多倍的经济体。

在元宇宙中，电商行业将呈现出游戏化的发展趋势，以沉浸式的体验颠覆原有的购物方式。消费者可以通过游戏化的方式购物，也可以通过购物的方式模拟一场游戏。虽然很多人将元宇宙形容为与现实世界对立的平行宇宙，但其实二者是相互融合的。随着真实世界的所有空间都出现在元宇宙，电商必将呈现出线上线下相融合的状态。在这种情况下，电子商务的概念也就将随之消失。

总而言之，沉浸式消费将成为元宇宙流行的消费趋势，将带给消费者与众不同的消费体验。而且，沉浸式消费的内容极丰富，除常见的日用品、服装、鞋包、家居用品外，消费者还能体验到AR房屋装修、远程看房、模拟旅游景点等服务。借助可穿戴设备和触觉传感技术，用户获取的商品信息将大幅增加，可以享受到更具沉浸感的购物体验。

02　VR购物：重构人、货、场的关系

从过去几十年的发展实践来看，一旦某个新兴行业呈现出巨大的发展潜力和广阔的发展空间，就会立即吸引大量资本进入，VR购物就是如此。随着消费需求不断升级，驱动商业模式不断创新，快速发展的VR技术可以带给消费者更真实的线上购物体验，备受消费者青睐。于是，在资本的推动下，VR市场迅速崛起，吸引了各行各业的领军企业前来布局。

◆ VR电商：重构人、货、场的关系

阿里巴巴可以说是VR电商最早的实践者。早在2016年，阿里巴巴就推出Buy+，利用VR技术打造了一个虚拟的购物空间。用户可以戴上VR眼镜走进这个空间，进入装修精美的店铺，挑选产品，查看产品信息，向虚拟导购员咨询，将想要购买的产品加入购物车，下单支付等，整个过程和线下购物过程非常相似。Buy+的出现带给消费者一种全新的购物体验。

2017年，阿里巴巴又推出"造物神"计划，计划联合商家建设一个规模最大的3D商品库，并试图利用VR技术将10亿件商品以1∶1比例复原，进一步优化消费者在虚拟世界的购物体验。经过几年时间的努力，阿里工程师完成了数百件高度精细化的商品模型，下一步就是为商

家开发标准化工具，简化建模流程，实现批量建模，支持商家打造VR购物服务，满足消费者的VR购物需求。

在硬件方面，阿里巴巴将以天猫、淘宝两大电商平台为依托搭建VR商业生态，助推VR设备实现普及应用，对VR硬件厂商的技术革新与发展产生积极的推动作用。VR购物将在很大程度上颠覆人们的日常生活，让消费者利用碎片化时间完成购物，缩短消费者与商品直接的视觉感知距离，让消费者更直观地了解商品，做出更合理的购物决策，减少退换货事件的发生率。

◆海淘购物：冲破消费体验痛点

海淘购物让人们足不出户就可以购买海外产品，满足了人们对高品质生活的追求，但因为物流不便，海淘产品基本不支持退换货。同时，海淘产品因为生产批次不同、产地不同，产品质量可能存在一定的差异，而消费者只能通过图片和文字了解这些信息，即使最终到手的商品与网上看到的商品不符，或者商品没有达到自己的预期，也只能确认收货。

随着直播电商的兴起，视频直播代购在一定程度上解决了这一问题。直播电商利用可视化技术多角度展示产品，可以让消费者获取更多产品信息，对产品做出全方位了解，增强购买信心，降低退换货概率。但事实证明，即便是视频直播代购也无法消除假冒伪劣商品问题，无法彻底打消消费者的疑虑。

那么，借助VR技术，海淘购物能否解决这一问题呢？在VR技

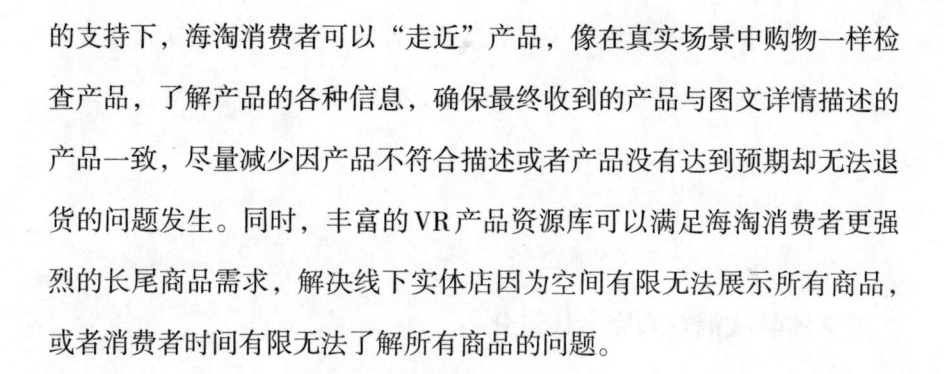

的支持下，海淘消费者可以"走近"产品，像在真实场景中购物一样检查产品，了解产品的各种信息，确保最终收到的产品与图文详情描述的产品一致，尽量减少因产品不符合描述或者产品没有达到预期却无法退货的问题发生。同时，丰富的VR产品资源库可以满足海淘消费者更强烈的长尾商品需求，解决线下实体店因为空间有限无法展示所有商品，或者消费者时间有限无法了解所有商品的问题。

◆宜家VR：体验厨房设计

家具是一类比较特殊的产品，消费者在线下家具城购买，虽然可以真实地触摸到产品，更详细地了解产品信息，但比较耗费时间，而且线下商城的空间有限，能够展示的产品也有限；线上购买又担心产品与描述不符，退换货成本过高，或者无法退换货。

为了打消消费者线上购买家具产品的顾虑，宜家推出了一款VR应用——IKEAVR Experience。这款应用支持消费者走进虚拟空间，体验宜家的厨房。在这个过程中，消费者可以在虚拟厨房中四处走动，找到可以打开的抽屉，选择橱柜的颜色，拿起放在炉子上的平底锅等。这款应用可以根据消费者的身高为其提供不同的视角，例如成人视角、儿童视角等，还可以让物品实现瞬间移动。

最终，消费者可以根据自己的喜好，结合体验到的产品效果选择产品，并参考设计师的意见，打造自己理想的厨房。这款软件带给消费者一种全新的购买家居产品的体验，很好地消除了消费者的顾虑，提高了消费者购物的满意度，降低了产品的退货率，实现了双赢。

◆ 体验式消费的完全体进化

体验式消费可以提高消费者的购买意愿，"VR+电商"就是一种体验式消费模式，为传统电商行业的转型发展提供了一个新方向。需要注意的是，VR电商只能对部分体验式消费场景进行模拟，无法解决传统电商行业日渐衰颓的问题。VR电商延续了传统电商的模式，只不过提升了商品的服务价值而已。这样一来，传统电商就有了清晰的体验式消费模式升级路线，即以VR电商为代表的线上体验式消费与"线上+线下"的体验式消费相结合，共同推动传统电商转型升级。

03 NFT电商：下一个超级风口

作为一种可编程通证，NFT具有可溯源、有价值、不可篡改等特性，是元宇宙经济体系不可缺少的构成部分。下面我们对NFT的价值内核进行详细分析。

◆ NFT电商的商业模式

NFT的潜在应用场景有很多，目前讨论最广泛的就是其商业模式。

（1）NFT+艺术品拍卖

NFT引起广泛关注源于天价拍卖。

从2018年开始，加密艺术品展商SuperRare和KnownOrigin就开始帮助艺术家在线上发行作品并推广，同时，全球大型NFT交易平台之一的OpenSea开始进行艺术品拍卖。这些艺术品之所以能够以极高的价格成交，就是因为稀缺性。

NFT为数字艺术品附加独一无二的链上ID，使得每一幅数字艺术品都可以溯源确权，成为稀缺品。同时，在NFT的支持下，艺术品实现了控制权和编辑权分离，艺术家享有对作品的修改权，而且可以获得作品的永久股权。这一功能得到了艺术家和持有者的共同认可。为了享受这类服务，越来越多的艺术家开始投入NFT数字艺术品的创作，为收藏家的"宝库"增添了更多独一无二的珍品。

（2）NFT+运动卡片

2019年7月，NBA成立合资企业，NBA球员协会和Dapper Labs共同创建了NBA Top Shot。这是一个基于Flow区块链打造的虚拟篮球交易卡，可以让人们将令人惊艳的比赛、难忘的精彩场面转化成能永远拥有的收藏品。截止到2021年1月，NBA Top Shot共完成了五笔交易，总交易额20000美元，此外，还以71000美元的价格出售了一张特殊的勒布朗·詹姆斯球星卡。

NFT+运动卡片是以巨大的球迷市场为依托形成的，在球星的影响下，粉丝收集NBA精彩时刻的热情会不断高涨，进而带动NFT+运动卡片市场蓬勃发展。有人称"NBA Top Shot是交易卡市场的未来"。随着越来越多的明星球队加入，数字足球NFT收藏平台Sorare或许会成为下一个NBA Top Shot。

（3）NFT+盲盒

近两年，盲盒市场异常火热，兼具艺术性和探索性的盲盒成为新的消费热点。开盲盒的过程充满了不确定性，就像蒙着眼睛在一个糖果盒子里面选糖果一样，永远不知道拿出来的是什么。消费者打开盲盒，如果看到的是一个比较满意的产品，就会获得极大的满足感。

全球70多名艺术家联合创作的NFT数字身份盲盒Hashmasks共16384份，上线5天全部售罄，总交易额达到了1434万美元。购买者可以为这个盲盒命名，在增加其稀缺性的同时，使其成为用户数字身份的象征。

凭借这种独有的趣味性，再加上艺术品独特的艺术性，NFT+盲盒市场未来的发展空间将会很大。

（4）NFT+游戏

游戏行业是最先尝试引入NFT的领域，目前，虚拟世界、网游、收集类游戏、卡牌类游戏等都能看到NFT的身影。也就是说，NFT已经在游戏领域实现了广泛应用。其中的典型代表就是基于区块链的TCG游戏"Gods Unchained"，这款游戏的风格与《炉石》非常相似，不同之处在于，这款游戏的玩家享有卡牌的所有权，可以自由买卖，为玩家提供了更好的游戏体验。

随着NFT不断发展，在NFT的支持下，传统游戏中的装备、宠物、角色都可以转化为资产，由玩家持有、交易。这样一来，玩家在娱乐的同时也能获得一定的收益。

◆超级风口：下一个万亿市场

古玩艺术品投资与房地产、股票并称为国际公认的三大投资市场。根据TEFAF（欧洲艺术和古董博览会）发布的报告，艺术品市场每年交易额大约为4000亿～5000亿元，而中国可挖掘的艺术品投资市场的规模大约为6万亿元，再加上我国繁盛的文娱产业，整个市场的发展潜力不可估量。

"NFT+艺术品"之所以具有如此大的发展潜力，主要得益于NFT凭借自身的一些特性给商业活动、商业模式带来的改变。

（1）在NFT的支持下，传统商业模式可以降低交易门槛，吸引更多人和资金

以艺术品拍卖为例，传统的艺术品拍卖门槛很高，可以说是有钱人的游戏，只能吸引一小部分人参与。而在NFT的支持下，每个人都可以参与NFT艺术品拍卖，在多人竞价的推动下，拍卖品的价格可能达到新高。再加上，NFT不只可以与大师作品相结合，还可以和普通人的作品相结合，将普通作品NFT化，不仅可以给拍卖市场增加一些拍卖标的，还能创造很多小额拍卖市场，积少成多，也能为艺术品拍卖市场的壮大做出贡献。

（2）NFT可以将无法变现的虚拟物品转化为可以交易的资产，创造

一个巨大的虚拟物品交易市场

例如，玩家在游戏中获得的道具和金币往往只能在游戏内流通，无法变现。但与NFT结合之后，用户在NFT游戏中获得的道具、金币等都可以变现，这将创造一个巨大的市场。

（3）NFT与线下实体相结合，可以将影响力变现

NBA Top Shot就是将影响力变现的典型代表。作为一个得到NBA官方认可的数字资产，在开卡包等机制的作用下，形成了一个具有稀缺性的资产。再加上一个面向所有人开放的交易平台的支持，在多人竞价模式下，就将这个稀缺性资产的价格推上了一个高点，最终创造了一个数额巨大的市场。

04 区块链在电商领域的应用

互联网电商的出现改变了传统面对面的交易方式，使处在不同空间的买卖双方可以远程达成交易协议，买方先付款，卖方后发货，但因为资金的流动速度与商品的流动速度不一致，为了避免买家收到钱款后不发货的情况发生，电子商务平台推出了第三方信用担保服务。

电子商务平台的核心优势主要是便利，能够承载大量产品展示与海量交易数据。但随着行业不断发展，电子商务平台也面临着一系列问题，主要表现在供应链管理、数据安全、市场透明度等方面。区块链的出现为这些问题提供了解决途径，具体分析如下：

◆优化支付方式

目前，国际电子商务支付仍以美元为主要货币，手续费比较高，转账时间比较长。即便采用PayPal和Skrill等付款方案，也仍有一些问题亟待解决。在目前使用的付款方案中，第三方支付平台要对每笔交易收取2%～3%的服务费，而且会暂留钱款。

去中心化的区块链就是要取代第三方支付平台的作用。以区块链技术为基础构建新型互联网金融体系，支持买卖双方直接交易，利用密码学技术保证交易安全。只要买卖双方达成一致，就可以直接交易，无须第三方平台参与，为买卖双方节省了大笔费用。简言之，在支付层面，区块链技术可以降低交易成本，提高安全标准，提供一个令买卖双方都满意的交易方案。

◆改善供应链体系

供应链问题已经成为制约电子商务发展的核心问题。电商供应链由物流、信息流、资金流组成，串联了供应商、制造商、分销商、用户等多个主体。区块链用于改善供应链是其在电商领域的一个重要应用；作为一个大规模协同工具，凭借数据不可更改、不可破坏的特点，非常适合用来对供应链进行管理。

在电商供应链中，可以经区块链传输的数据有很多，具体包括保险、发票、托运和运输以及提货单。区块链可以提高供应链的透明度，让消费者看到购买的产品的运输流程，以增强其消费信心。

◆ 数据安全与隐私保护

数据存储问题是电子商务平台一个非常重要的问题。买卖双方想要通过电子商务平台开展交易活动，首先要提交一些基本信息，例如姓名、身份证号、性别、年龄、电话等。此外，在交易过程中，支付数据也要在平台流通。这样一来，电商平台就获取了大量数据，并将这些数据存储在中央服务器中。但中央服务器的安全性不好，非常容易受到攻击，导致用户数据泄露。利用区块链可以打造一个去中心化的电商平台，平台无须存储用户信息。在这个去中心化的系统中，用户自己掌握自己的数据，极大地降低了数据泄露风险。

◆ 提高交易透明度

目前，电商平台面临的最大问题就是交易过程不透明。区块链技术可以很好地解决这一问题，提高交易的透明度，增强买卖双方的互信。在区块链技术的支持下，每笔交易都可以记录在共享分类账目中，无法被修改，相关数据非常安全、高度透明，而且可追溯。

总而言之，区块链技术可以解决电商行业的很多问题。因此，阿里巴巴、亚马逊等电商巨头纷纷开始在区块链领域布局，并与科技公司联合开发区块链项目。未来，在区块链技术的赋能下，电商行业将实现转型升级，迈入一个全新的发展阶段。

第13章
元宇宙+营销：席卷全球的营销场景

01 元宇宙重构全球营销模式

随着元宇宙的概念不断流行，人们对元宇宙的兴趣持续增加，消费者的消费观念、消费行为开始改变，一些品牌开始尝试从中挖掘新的营销机会。虽然元宇宙的构建刚刚开始，但一些前沿品牌和营销人员已经看到一些趋势，例如数字支付、营销游戏化、共享社交空间等，并利用这些趋势打造了一些成功的虚拟娱乐营销事件。

随着我国企业在元宇宙领域积极布局，再加上Z世代消费群体在我国消费群体中的占比不断提升，对移动设备高度依赖的人群数量不断增长，视频内容消费与社交媒体的渗透性越来越强，我国市场也将出现一些新的营销机会。

MMA（Mobile Marketing Association，无线营销联盟）研究称，虚拟的元宇宙可以为品牌带来真实的增长机会。尤其是在与Z世代互动方面，打通了虚拟世界与现实世界的元宇宙更能迎合他们模糊线上虚拟体验和线下真实体验的消费理念。

为了适应元宇宙创造的营销生态系统，品牌要基于数字替身、数字商品和收藏品、虚拟文娱和增强现实等要素为消费者创造一些新的消费体验。随着新的消费体验越来越多，营销场景将随之得以重构。

在中国市场，随着移动智能终端的渗透率持续增加，形成了一个对移动设备高度依赖的大规模群体，再加上视频内容消费与社交媒体的渗透性越来越强，为数字营销的开展奠定了良好的基础。另外，虽然我国与其他国家一样都处在元宇宙创建的早期，但相较于西方发达国家，我国的VR硬件与设备尚未普及，使得元宇宙的营销场景有了不同的表现。

目前，我国的营销生态是以短视频和直播为核心构建起来的。对于品牌来说，拍摄短视频展示商品或者通过直播进行营销已经成为触及消费者的常用方式。在这种营销模式下，角色是一个非常重要的组成部分，但角色带来的风险也明显增加。

很多品牌会请明星来当代言人。如果明星口碑较好，自然会给品牌带来更多流量；如果明星口碑下跌、形象崩塌，也会对品牌造成不良影响。最重要的是，这种风险无法提前预测而且不可控。随着明星"翻车"事件越来越多，很多品牌开始降低对明星代言人的依赖，尝试通过其他方式塑造品牌形象、开展营销，例如聘请主播进行直播积累私域流量。但这种方式也存在一定的风险，如果主播离开，可能会带走一批私域流量。

为了规避这类风险，一些品牌开始尝试打造虚拟形象或者虚拟偶像作为代言人，掀起了虚拟人代言热潮。例如蜜雪冰城的雪人就是一个虚拟代言人，一排雪人合唱"蜜雪冰城甜蜜蜜"的视频得到广泛传播。

再例如，欧莱雅推出虚拟偶像M姐、欧爷作为品牌的代言人，并在新品发布会或者直播活动中与M姐、欧爷进行视频连线，试图将它们打造成一个鲜活立体的形象，让它们代表集团对外发声。此外，一汽丰田、歌力思、雀巢、屈臣氏等多家公司也推出了虚拟偶像。对于品牌来说，塑造虚拟偶像有两大意义，一是规避真人偶像带来的各种风险，二是顺应元宇宙的发展趋势。

在中国市场，随着内容电商强势崛起，越来越多的品牌开始打造虚拟偶像，并让虚拟偶像在直播带货、线下促销等多种场合出现，提高消费者对虚拟偶像的关注度与认知度。对于品牌来说，虚拟偶像的构建有助于其进入元宇宙。一旦元宇宙建设完成，品牌的虚拟偶像就可以迅速进入其中，占据有利地位。

02 "元宇宙+营销"的应用场景

"元宇宙+营销"大有可为,可以创造很多应用场景,下面我们对其中具有代表性的几个应用场景进行分析。

◆ 开放的游戏场景

游戏被称为元宇宙的初级形态,所以游戏领域产生了很多元宇宙产品。因为在目前的技术水平下,以游戏为载体构建虚拟世界与现实世界互动最方便。

在国外,2019年,《堡垒之夜》举办的Marshmello演唱会吸引了1070万玩家参与;2020年,《堡垒之夜》与说唱歌手崔斯特·斯考特合作举办的演唱会吸引了2770万观众观看;同时,《我的世界》举办的虚拟音乐节Block-By-Blockwest也吸引了10万用户,导致服务器一度崩溃。

在国内,2021年9月,爱奇艺发布了一款新产品——VR一体机"奇遇3",这款新产品的发布代表着爱奇艺正式进军元宇宙。为了做好VR游戏的开发,爱奇艺成立了专门的工作室,未来,爱奇艺可能推出更多第一方游戏。第一方游戏有很多优点,例如可以更好地和自家设备兼容,为玩家提供更优质的游戏体验等。

相信在未来很长一段时间,元宇宙都要以游戏的形态呈现,吸引更多用户参与体验。

◆核心的社交场景

目前，市面上大多数VR产品主要应用于游戏领域。但相较于游戏场景来说，可以带给用户超强沉浸感的VR产品更适合应用在社交场景中。未来，借助VR设备，处在不同空间的人们或许可以"面对面"聊天、开会、聚会等。基于这一设想，扎克伯格将Facebook改名为Meta，重新定义了这款产品的发展方向——虚拟世界中的社交平台，让用户在家就可以获得更真实、更有沉浸感的社交体验。

在国内，社交App Soul凭借社交元宇宙这一概念迅速发展，在社交软件中的地位不断提升，跻身头部。在Soul中，每个用户都有一个专属的虚拟身份，可以获得平台推荐的好友和内容，创建自己的社交群体。同时，用户还可以加入聊天室、参与狼人杀等交互游戏，体验到多元化的社交，而不只是聊天。未来，在VR设备的支持下，Soul将进一步升级平台功能，带给用户更多元化、更极致的社交体验。届时，聊天室可能变成一个真正有朋友在的空间，品牌可以在其中开展营销活动。

◆本土的视频场景

一些品牌为了进入虚拟现实市场，尝试与虚拟人合作打通视频平台通道。例如，屈臣氏将虚拟偶像IMMA印在气泡水瓶身包装上。消费者扫描瓶身的二维码就可以进入小程序观看激活气泡的动画。此外，屈臣氏还为IMMA打造了一支电视广告，拍摄过程中用到了好莱坞拍摄设备Motion Control，将真人实拍、三维动画和视觉特效合成相结合，制作出一部视觉效果极佳的广告片，宣传片一发布就引起了热议。除屈臣氏外，SK-Ⅱ也邀请IMMA与品牌常驻合作明星共同拍摄广告片。除IMMA外，SK-Ⅱ还官宣了另一个虚拟偶像Yumi担任品牌代言人。

在国内，2021年7月，钟薛高宣布与虚拟偶像阿喜合作，邀请阿喜担任"钟薛高特邀品鉴官"，并为阿喜拍摄了广告片，同步推出季节限定"杏子奶冰"口味雪糕。凭借阿喜甜美清新的特点，钟薛高快速收获了一批年轻粉丝。

总而言之，无论将元宇宙匹配到何种营销场景中，品牌都能找到合适的产品来攫取红利。虽然元宇宙是一个新概念，而且是一个虚拟的空间，但确实能够为品牌带来营销机会，助力品牌实现更好的发展。

03　VR营销：打造沉浸式营销体验

无论什么类型的企业，都会密切关注新技术、新媒体的诞生与发展，在这种技术及媒体平台进入公众视野后，企业就会将其运用到营销环节，促进自身产品的销售。近年来，VR技术呈现蓬勃发展之势，并趋向于生态化发展，吸引了大批企业的参与及布局。与此同时，VR技术也在营销领域得到应用，受到了业内人士及广大消费者群体的关注。

如今，作为一种新型营销方式，虚拟现实营销已经给传统营销行业

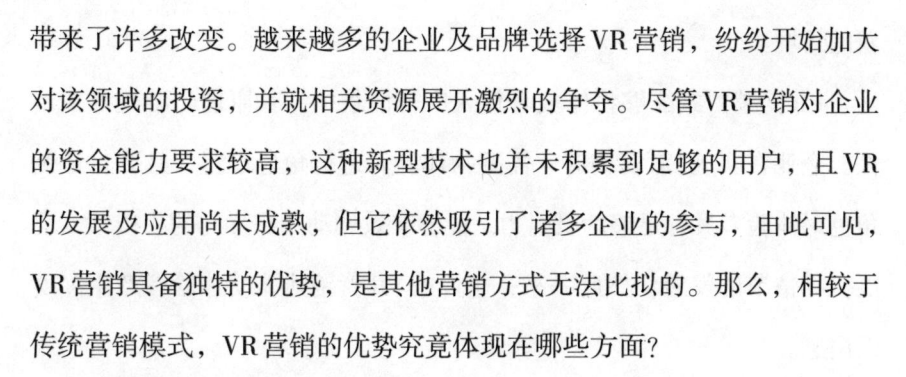

带来了许多改变。越来越多的企业及品牌选择VR营销，纷纷开始加大对该领域的投资，并就相关资源展开激烈的争夺。尽管VR营销对企业的资金能力要求较高，这种新型技术也并未积累到足够的用户，且VR的发展及应用尚未成熟，但它依然吸引了诸多企业的参与，由此可见，VR营销具备独特的优势，是其他营销方式无法比拟的。那么，相较于传统营销模式，VR营销的优势究竟体现在哪些方面？

能够使消费者深度参与其中，是VR营销的关键优势。在VR营销诞生之前，无论何种营销方式，都无法实现产品与消费者之间的深度互动。立足于消费者体验的角度来分析，包括报纸、杂志、传统户外广告及数字媒体在内的所有营销方式，都以单向信息传播为主。举例来说，消费者看到广告牌上的广告、阅读报纸、浏览网页出现的信息等，都仅限于被动地进行信息接收。随着数字营销的深入发展，消费者在信息传播过程中的参与度明显提高，企业在营销过程中添加了许多娱乐化元素，推出H5等新型广告，增强了对消费者的吸引力。

◆深度交互：身临其境的沉浸式体验

在实现深度参与方面，VR营销比其他营销方式更具优势，VR营销能够从三个方面提升用户体验：首先，在VR广告中，消费者可作为其中的角色，引导剧情的展开；其次，VR能够为消费者营造一个逼真的虚拟世界，使其产生身临其境之感；最后，企业应用VR技术，能够将消费者带到远在千里之外的异国，或者是海底、外太空等，为其打造全新的情境。

VR营销方式能够将体验者代入广告情景中，其原理与游戏存在共性。企业在实施VR营销时，需要为体验者进行角色设置，且要保证该角色对体验者具有足够的吸引力，能够有效调动用户参与的积极性，还能引导情节的发展，如此一来，企业的VR营销才能使体验者产生深度沉浸感。

◆重塑品牌：有效提升用户转化率

某VR广告营销平台的调查结果显示，VR广告的用户点击率可达30%左右，相比之下，传统PC端广告的点击率仅有0.4%，手机广告也只有1%。再来分析一下不同广告形式的用户转化率，传统PC端广告的转化率为0.2%，手机广告的转化率为0.5%，VR广告的用户转化率则为1.2%，远远超出前两者。

之所以会出现这种情况，一方面是因为VR的应用尚未普及，不少消费者在进行VR体验的过程中，不会将其视为广告或宣传片，而是认为自己在观看影片，且对这种新型体验充满期待，因此，虽然有的VR视频能够以2D方式呈现出来，但在得知该视频为VR版本之后，观众们都会选择佩戴VR设备进行体验。另一方面是因为参与VR广告体验的用户多数情况下已经认可了该品牌，相比于其他用户，他们更容易成为该品牌的消费者。以推出VR试驾体验的汽车公司为例，消费者在体验过程中能够了解汽车内部的装饰、汽车驾驶的性能等；如果是食品品牌推出的VR广告，可在广告内容中向体验者展示食品材料的生产、加工过程，让体验者能够"亲眼见证"其生产流程的安全性。这种360度的展示方式比传统信息传播更具感染力。

此外，VR营销能够提高品牌的影响力。在现阶段，VR的适用场景主要集中于办公室、商家展览区或者消费者家中。这些相对固定的场景比较适合消费者进行深度体验，能够有效拉近品牌与消费者之间的距离。在今后的发展过程中，VR将在更多细分领域进行延伸，企业通过VR营销，能够有效提高品牌影响力，树立良好的企业形象。

◆海量数据：真实展示产品与服务

VR的主要优势还体现在：能够获取海量数据，根据消费者个性化需求推出定制产品；全面地展示产品与服务，满足消费者的体验需求。

（1）获取海量数据

利用VR平台，企业能够对消费者的行为特征及相关信息进行收集。具体而言，营销者能够对消费者的行为进行追踪，获知消费者的关注点及个人兴趣。举例来说，营销者通过VR平台，能够了解到某用户路过了一家鞋包店，进入某服装店内，在店中用虚拟体验技术试穿了几件连衣裙，并对其他款式的服装进行了简单浏览。通过这种方式，营销者能够获取到海量的数据信息，通过数据分析对消费者的个性化需求进行把握，还能满足消费者的体验需求。

（2）全面展示产品与服务

消费者在进行产品选购的过程中，都希望商家能够进行全方位的商品展示。在传统模式下，企业主要采用图片或视频形式进行商品展示，但消费者很难通过这两种方式对商品进行全面而深入地了解。相比之下，VR技术则能够解决这个问题，满足消费者对产品或服务的体验需求。

VR营销能够为消费者营造逼真的视听体验，进行全方位的动态情景展示。比如，在某个城市举办现场演唱会，若有粉丝因个人原因无法及时赶到现场，可以参与演唱会的VR体验，沉浸到现场的热烈氛围当中，弥补这个遗憾。

在企业营销过程中，很多因素都能够对人们的体验效果产生影响，具体包括：视频音频的呈现效果、声音细节、空间呈现效果、背景处理等。目前，VR技术仍然无法对人们感知细节进行模仿，但从整体上而言，VR营销足以为消费者打造极致化的体验。

04 VR技术在各领域中的营销实践

在VR营销之前，企业采用的数字营销方式仅限于对产品的特性及功能信息进行展示。VR营销进一步开拓了营销者的思路，因为VR技术能够为体验者打造生动的场景，使企业的服务达到消费者预期，进而推动企业的发展。

以VR蹦极为例进行分析，现如今的虚拟蹦极体验能够带给参与者十分逼真的感觉，让用户在自己家中就能体验到蹦极的极限刺激。拥有冒险精神的参与者在体验过VR蹦极之后，可能就会想付费参与真正的蹦极活动。另外，在进行VR体验的过程中，消费者可能收获预料之外的惊喜，就算VR体验无法为消费者带来春风拂面的感觉，但仍然能够使消费者产生心理上的愉悦乃至兴奋感。

VR体验并无法从根本上取代真实的体验，不过对于以国家地理为代表的冒险类或运动类品牌而言，VR体验的确能够有效吸引目标消费者，增强品牌与消费者之间的连接。企业可通过内容营销来实现品牌推广，对目标消费者进行准确定位，这种传播方式类似于传统模式下企业在网络平台发布视频广告，或者热点话题，能够促使人们自发进行传播，用于吸引用户，达到提升品牌价值含量、实现品牌推广的目的。

在实施内容营销的过程中，企业首先要做的是吸引潜在消费者的注意力，VR的作用就在于此。举例来说，某汽车公司运用虚拟现实技术，推出一款赛车游戏，在游戏当中运用该品牌的汽车模型。但这种营销方式只能初步获得目标消费者的关注，在选购产品时，消费者还会对汽车的质量、性能等多种因素进行考量。

随着技术水平的提高，企业的体验营销也会逐渐升级，这种营销方式发挥的价值也就会增大。比如，一直在加班的年轻人通过VR体验感受到了旅行的乐趣，他可能会立即付诸行动，到宣传片中推荐的旅游地点放松身心。

如今，场景化营销模式已经被应用到诸多领域，而VR在场景营造方面具有先天的优势。VR能够为消费者打造生动的虚拟场景，让体验者如同置身于不同于现实世界的另外一个世界。相比于传统的营销方式，VR更加直观、全面，对消费者的感染力更强。所以，在VR诞生并获得初步发展时，一些具有洞察力的企业就认识到了这种新型营销方式的价值所在。

VR营销在数据收集、产品展示、个性化定制方面具有较大的优势，能够为各行业的营销提供诸多便利，将自身的营销内容与目标消费者的生活场景连接到一起，实现自身的产品及品牌推广。

在虚拟精度方面，VR营销表现最佳的两个领域就是旅游行业与房地产行业。在旅游行业的营销中，消费者使用VR设备，就能看到巴厘岛的美丽风光，感受那里的沙滩、海浪、特色建筑。同时，VR在房地产行业的应用价值也十分突出，通过佩戴VR设备，消费者能够提前感受未来的居家环境。

但旅游与房地产营销对VR应用的要求，要远远超过上文中提到的虚拟演唱会。演唱会只需为用户提供完美的视听体验，但旅游及房地产营销要做的不止于此。虽然进行VR体验能够免去长途奔波之苦，但这种体验与实际到巴厘岛旅游还是有很大区别的，算不上是一场"虚拟旅行"。现阶段的VR应用，只能满足旅游及房地产消费者的预览需求。

相信随着技术水平的提高，VR将为消费者提供更加极致化的体验，打造全方位的体验服务。

在零售行业，VR的应用已经对人们的消费行为产生了影响。比如服装店利用VR技术推出虚拟试衣间，方便消费者了解服装的款式及上身效果；餐饮行业利用VR技术能够让消费者体验食物的制作流程；等等。

全球最大的蔓越莓产品生产商Ocean Spray出产的蔓越莓干在多个国家热销，但很少有人见过这种浆果丰收的壮观景象。如今，Ocean Spray推出主题为"The Most Beautiful Harvest"的VR版宣传片，能够让更多人领略蔓越莓丰收季节，漫山鲜艳欲滴的果子仿佛就出现在你面前的盛景。

虚拟现实技术的崛起及其在广告行业的应用具有广阔的发展前景，如今，不少科技企业及广告公司都在VR领域展开布局，不仅丰富了营销模式，还能帮助企业达到营销目的，巩固了自身的市场地位。那么，VR的价值具体体现在哪些方面？

（1）给消费者带来新鲜体验

虚拟现实技术走在新兴科技发展与应用的前列，给消费者带来不同于传统模式的新鲜体验，成功吸引消费者的关注，进而实现企业的产品与品牌推广。

（2）吸引消费者的目光

虚拟现实技术营造的世界具有高度的沉浸感，能有效吸引消费者的目光，调动他们参与的积极性。调查结果显示，与传统广告相比，VR广告能够给消费者留下更深刻的印象，且短期内不会被消费者遗忘。未来，除了汽车、零售业、旅游、房地产以外，VR广告营销方式将在更多领域得到应用。

（3）引起消费者的共鸣

如今很多企业都采用内容营销方式，但在该模式的具体实施过程中仍然存在许多问题，比如，在故事讲述过程中，既要添加感性元素，又要以理性方式将产品的特性表现出来，有些企业无法正确处理好感性与理性之间的关系，其营销就难以获得目标消费者的关注。VR则能够帮助营销者解决这个问题，在真实、全面展示产品的同时，从情感上引起消费者的共鸣。

第14章
元宇宙+建筑：未来的建筑设计师

01 虚拟世界里的"数字空间"

在由克里斯托弗·诺兰执导的电影《盗梦空间》中，造梦师也被称为"建筑师"（the Architect），他们可以根据自己的想象自由地构建空间并设计场景，甚至完全摆脱物理规律的限制。比如，影片开头，在阿丽瑞德妮设计的场景中，道路尽头可以向天空延伸，置身其中的个体也可以摆脱地心引力的束缚而行走。

随着3D可视化技术的发展以及与元宇宙的融合，上述影片所呈现的场景体现的建筑技术也有可能在虚拟空间中呈现。在虚拟的空间中，个体是以数字化化身的形式而存在的，而个体进行一切活动依赖的基本场景就是各式各样的建筑。由于建筑物需要以立体化的方式进行设计和呈现，因此与其他现实世界中的元素相比，建筑更容易迁移到虚拟空间中。

实际上，虚拟建筑在虚拟世界出现之前就已经存在了。由于行业的特殊性，建筑行业的从业人员需要依赖于设计软件进行三维绘图。随着互联网相关技术的发展，CAD、3DMax等软件逐渐出现，并越来越多地应用于建筑行业中。基于应用软件而绘制的建筑模型，实质上就是一种虚拟建筑，与元宇宙背景下的虚拟建筑主要的区别点在于，该虚拟建筑无互动性。

基于设计软件等绘制的虚拟建筑，其主要的用途是为真实的建筑物的建造提供参考，所以这种虚拟建筑只是一种单向的存在，并不能与人类个体进行互动；而虚拟世界中的虚拟建筑能够承载个体化身的一切活动，因此可以与用户发生互动。

此外，虚拟世界中的建筑与现实世界中的建筑的不同还体现在其功能性上。在现实世界中，人们居住或休闲娱乐都依赖于建筑物，所以现实世界中建筑的基本功能是为人类的社会活动提供服务；而在虚拟世界中，虚拟角色既不需要考虑吃饭等生存问题，也不会觉得疲累，因此建筑的主要功能是营造场景的氛围感，为用户带来更接近于真实的体验。比如，在虚拟世界的公园中，也会有长椅、秋千等，但其设置的主要目的是使得虚拟世界中的场景更加逼真。

综合以上分析可以发现，在虚拟世界中，场景的建造者更需要考虑的并不是建筑物的原理、功能，而应该聚焦于如何通过虚拟建筑给予用户置身其中的感受。VR/AR眼镜等设备在一定程度上起到了比较好的辅助作用,能够将与虚拟建筑相关的环境、氛围等囊括在设计的过程中,并提升用户获得沉浸式体验的可能性。

此外,随着与元宇宙相关的技术的发展,越来越多的领域为元宇宙提供了丰富的内容场景。而且,与现实场景相比,这些领域通过虚拟场景能够获得更好的呈现效果。比如,越来越火热的NFT加密艺术展是无法在线下展出的,但是在线上,用户佩戴所需的智能设备后便可以自如地在虚拟艺术馆中观展,获得极佳的沉浸式体验。

02 元宇宙语境下的建筑美学

随着元宇宙概念的提出以及VR/AR技术的发展,未来人们的生活将极有可能往虚拟空间迁移。比如,教室、博物馆、办公场所、音乐厅等均有可能移至VR环境,成为虚拟城市的一部分。而在虚拟世界中,这些场所的存在以及活动的开展都需要空间,这也对建筑设计提出了新的需求,使得数字建筑师应运而生。

随着元宇宙相关技术的不断发展,现实物理空间与虚拟空间之间的界限将会逐渐模糊,二者之间可能存在某种交叉或重合,这也就使得可供人类活动的场景被大大拓展,有更多空间需要进行建筑设计。在这样的背景下,建筑设计师这一职业的内涵也将有所改变,建筑设计师的工作可能还包括创建虚拟的环境。

传统的建筑师需要具备的是建筑学以及一些相关领域的资质，而参与虚拟建筑设计的建筑师还应该了解3D可视化等数字技术，并将其与建筑设计的过程进行融合。由此来看，虚拟现实不仅仅是对物理世界建模和可视化的工具，也会切切实实成为建筑本身的组成部分。届时，建筑师与网页设计师等职业的边界将不再分明。

在元宇宙的空间中，建筑师依赖于自己3D思维方面的优势，可以进行虚拟建筑的设计。与传统的现实世界中的建筑设计不同，虚拟空间中的建筑设计需要建筑师在熟知力学公式和房屋尺寸等与建筑学相关的专业知识的同时，具备人体测量知识，以确保所设计的虚拟建筑能够与虚拟人物的形象成比例。而且，在进行虚拟建筑设计的过程中，需要将角色设计、游戏设计、内容设计、用户交互设计等融入其中，以符合用户沉浸式体验的需要。

除了建筑师在元宇宙的空间中具有虚拟建筑设计方面的优势，传统的游戏设计师具备的建模等技能也将拥有广阔的发挥空间。实际上，就现有的网络游戏而言，有的已经可以被视作一个小型的虚拟世界。

以《我的世界》为例，这是2009年瑞典Mojang Studios开发的一款沙盒游戏。玩家可以在游戏的三维空间中创造自己的玩法，比如创作艺术品或建造建筑物等。而这种着重于让玩家探索的玩法催生出了一种新的职业——虚拟城市建造师。一些擅长进行虚拟建筑物搭建的玩家可以利用平台提供的方块、植物或其他物品搭建出属于自己的作品，而其他的玩家也可以聘请他们在自己的虚拟空间中进行搭建。

国家建筑师Cthuwork就是一个擅长进行虚拟建筑搭建的博主。其在《我的世界》中不仅搭建出了能够高度还原紫禁城、九寨沟等世界知名建筑及旅游景点的场景，而且将《清明上河图》中的景象以3D化的形式进行了呈现。

类似虚拟建筑设计师的这类职业形态实际上能够实现数字资产的变现。具体的变现过程如下：基于自己的才能在虚拟空间进行创作或劳动，然后在现实世界中获得相应的报酬。在现实世界中并不存在这样的职业形态，但是虚拟世界的出现激发了新的需求，在此需求基础上的供求关系也就催生出了新的职业形态。随着此类虚拟场景规模的增大，类似的用户需求也会逐渐增加。

再回到元宇宙中，在这个虚拟空间中，建筑师的工作内容实际上与游戏场景设计师具有很大的相似性。他们需要借助计算机软件以及数字技术等，进行虚拟建筑的设计，并规划出其中的布景，以符合虚拟角色活动的需要。因此，在元宇宙从概念到实现的过程中，建筑师也需要逐渐进行角色转换，这种转换所指的并非仅从设计实体建筑转向设计虚拟建筑，而是建筑师的内涵会大大拓展，使得游戏设计师等也成为团队的组成部分。

03　未来造梦师：全新的职业内涵

随着元宇宙的发展，对建筑师能力的要求也会有所变化。因为一系列先进技术和工具的使用，能够把人从重复性的工作中解放出来。所以，在这样的背景下，建筑师不只是一个熟练掌握多种技术的专业人士，更是一个能够综合运用各种设计工具的复合型人才。

面向元宇宙时代的建筑教育应该着重培养建筑学外的更多相关技能，比如3D可视化技术、数字媒体技术等。这是因为在虚拟空间中的建筑，实际上也是虚拟空间的组成部分。而且，与现实世界中建筑行业需要受到条条框框的限制不同，虚拟世界中的建筑是一种具有更大发挥空间的艺术表达。

建筑学作为一门研究建筑及其环境的学科，在数字化时代也被注入了新的内涵。云计算等技术的应用，使得城市和建筑物能够被托管于各种各样的"云"中。一方面，对于建筑行业而言，数字化的建筑不需要耗费巨额的建设预算、数年的建设周期和大量的专业知识；另一方面，对于建筑师而言，其进行数字化建筑的设计时可以不受自然物理规律以及结构力学等的限制，不需要考虑房屋真实建造工程中的工艺成本以及是否节能、防水等问题，可以更加专注于建筑设计本身。

不过，与现实世界中实实在在存在的建筑不同，虚拟空间中的建筑也更容易被改造。比如，只需删掉相关的代码，一座看上去极其复杂的建筑就能够消失不见；只需要在后台进行简单的修改，就能够改变建筑物的风格等，而不需要考虑成本以及周期等问题。从这个角度来看，虚拟空间中的建筑所具有的功能属性会大大减弱，而其观赏属性则被强化。

元宇宙之所以能够吸引用户，并使得用户获得沉浸式的体验，一个重要的原因是其拥有海量的内容。用户进入元宇宙空间后，便能够自由地在虚拟艺术馆、虚拟自习室、虚拟电影院、虚拟游乐园等场景中活动，获得与现实世界完全不同的游览体验。这样一个空间，更能够成为建筑师的乌托邦。他们不仅可以不受物理世界约束，设计各种建筑，而且可以将其出售以获得回报。

在现实世界中，建筑一直属于一个受地域影响比较强的行业。但是在虚拟空间中，建筑师则可以完全摆脱地域方面的限制，为世界范围内任何有需要的用户提供数字形式的产品和服务。基于这样的背景，建筑师进行建筑设计时，就应该像产品经理或内容创作者打造产品一般，打造出具有鲜明的个人特色的产品，并在相关的平台上推广自己的产品和服务，从而以高质量的内容收获潜在的目标群体。

而且，基于NFT技术，建筑等虚拟资产也能够获得独一无二的编码，并进行交易。比如，归属于Alexis Christodoulou的虚拟建筑的NFT就曾经被拍卖，Krista Kim的虚拟住宅Mars House也被售出，这些都能说明虚拟资产的价值已经被越来越多的人认可和接受。与现实的物品相比，数字产品拥有一些独特性，比如可追溯性、稀缺性等。数字形式的建筑也拥有区别于现实世界建筑的价值，有望在未来成为人们资产的一部分。

第五部分

未来篇：科幻与现实的边界

第15章
星辰大海：关于元宇宙的终极想象

01 影视作品中的元宇宙幻想

在元宇宙这个概念引起广泛关注之前，很多影视作品就对其进行了呈现。

◆《头号玩家》

提及涉及元宇宙的影视作品，大多数人最先想到的应该就是《头号玩家》。这部电影讲述的是2045年，世界遇到能源危机、濒临崩溃，人们选择前往一个名为《绿洲》的VR游戏寻找慰藉。这本是一个可以帮人们暂时逃离现实生活的世外桃源，却因为一条遗嘱变成了是非地。只要玩家找到创始人在游戏中设置的"彩蛋"就可以接手《绿洲》成为世界首富，于是包括男主角韦德·沃兹在内的许多人开启了一场冒险之旅。最终，这位沉迷游戏的大男孩凭借对VR游戏的了解，成功找到了隐藏在关卡中的三把钥匙，成功通关，并收获了网恋女友，走上人生巅峰。

故事本身比较简单，精彩之处在于这部电影集成了元宇宙中的很多元素，包括VR/AR头显、体感衣服、自由的经济体系、宏大的游戏背景以及相对公平的"打金"方式等，被认为是表现元宇宙的代表性作品。

有一部作品的名字与《头号玩家》相似，而且经常被拿来和《头号玩家》进行比较，就是肖恩·利维导演的《失控玩家》。这部电影上映于2021年8月，讲述的是一名银行柜员机缘巧合之下发现自己处在虚拟游戏中，于是他决定改写自己的故事，让自己成为英雄，进而开始帮助身为人类的女主，最终保护了女主和虚拟世界的故事。

相较于《头号玩家》，《失控玩家》中的场景更像是初期的元宇宙，对于元宇宙的构建具有一定的借鉴意义。因此，《失控玩家》可以被视为短期内元宇宙发展的重要作品，电影中的虚拟世界被某个主体控制对元宇宙的构建起到了一定的警示作用，即元宇宙必须遵循去中心化的原则，防止类似的情况发生。

◆《黑客帝国》

相较于《头号玩家》《失控玩家》来说，《黑客帝国》更加经典。《黑客帝国》三部曲的每一部上映之后都会引起巨大的轰动。在那个互联网尚不发达的年代,《黑客帝国》却设定了这样一个场景:在机器人与人类的大战中,人类试图通过遮蔽天空断绝机器人的太阳能供应,但最终失败了。于是机器人把人禁锢在容器内,以种植的方式进行培养,人可以通过脑后的接口连入母体,母体是机器人创造的世界。相较于元宇宙来说,这个设定显得有些极端。但从某些层面来看,《黑客帝国》更像一个隐喻的元宇宙,似乎预示着人类终将走向一个人工智能与人类意识共存的时代。

其实,如果认真思考,一些移动应用就像一个缩小版的"黑客帝国"。只要人类打开这个软件,就会不受控制地在其中消磨时间。只是很多人都还没有感知到这种变化,但这就是元宇宙带来的意识改变。

◆《异次元骇客》

与《黑客帝国》同期上映的还有另外一部电影——《异次元骇客》,讲述的是两位科学家霍尔和富勒用电脑模拟出一个真实的1973年的洛杉矶,并且可以通过电脑进入这个世界,在里面体验真实的生活。但一天晚上,富勒突然被人杀害,种种迹象证明霍尔就是凶手,但霍尔偏偏失去了那天晚上的记忆。为了查明事情的真相,霍尔按照富勒留下的线索来到虚拟世界,最终查明真相。

在这部电影中,现实世界与虚拟世界相互叠加,人可以自由地在两个世界进出,非常契合元宇宙与现实世界的设想。未来,随着元宇宙建成落地,我们也能体验到这部电影中主人公的生活,随意地在虚拟世界和现实世界之间穿梭。

◆《硬核亨利》

2015年上映的《硬核亨利》更贴近现在的生活。这部电影讲述的是主人公亨利在战争中幸存后被改造成超级战士，从俄罗斯军人手中营救妻子，同时要提防自己的身份不被发现的故事。

整个影片从第一人称的视角展开，就像带领观看者玩《反恐精英》之类的游戏一样，可以让观看者感受到紧张的气氛，更具有沉浸感。如果观看者利用VR/AR头显观看这部电影，沉浸感会更强。基于这一设想，也许第一人称电影会成为未来电影发展的一个主要方向。

◆《西部世界》

《西部世界》是一部科幻电视剧，讲述的是人类利用先进科技创造了一个名为"达洛斯"的成人乐园，人们只要支付一定费用就可以随意进入乐园，享受机器人提供的服务，而且无论对机器人做什么事情都不会受到惩罚。但随着机器人有了自主意识与思维，他们开始反抗人类，对玩家发起攻击，将"乐园"变成了"地狱"。然而"乐园"和"地狱"的概念是从人的角度来说的，对于机器人来说，这两个概念可能正好相反。

这个主题与前面提到的电影《失控玩家》的主题非常相似，警示人们在进入元宇宙时代之前，应该对自己在元宇宙中的角色进行认真思考，以精准定位。

◆《黑镜》

《黑镜》是一部只有三集的迷你电视剧，每一集都是一个独立的故事，有着不同的故事背景，反映不同的社会现实，但都围绕现实生活展开，讲述的是当代科技对人性的利用、重构与破坏的故事。

其中有一集的名字是《一千五百万里程数》，讲述的是在一个万物皆可虚拟化的世界里，人住在一个四面都是高分辨率显示屏的房间，人类可以与所有物品交互，所有游戏都支持体感操作，但人类只能从事最简单的工作——踩单车，根据踩单车的里程赚取虚拟货币，用虚拟货币购买日常用品以及虚拟产品。除此之外，人类没有其他活动，也无法从事其他工作，日复一日、年复一年，无聊至极。

这部电视剧不禁让我们思考，科技虽然给我们的生活带来了极大的便利，但是否也在一定程度上禁锢了我们的生活呢？如果未来的元宇宙发展成这种形态，身处其中的人类是否会后悔呢？

◆《上载新生》

《上载新生》是亚马逊出品的一部十集科幻电视剧，故事的设定是：在2033年，人类利用先进科技可以在肉体死后将自己的意识上传到虚拟世界，然后就会生成一个和真实的自己毫无区别的数字身体，而且这具身体有感知、有触觉，会产生饥饿感。每天早上，这个虚拟世界中的人都可以在充满阳光的酒店醒来，可以按照自己的意愿调整落地窗外的景色，变换季节。但是这具数字身体享受的一切都需要用流量来购买，包括吃饭、看书、喝咖啡等。如果你有足够的流量，就可以在这个虚拟世界里获得永生。这部电视剧充满了对元宇宙的想象，同时也引发了人们对死亡的思考。

02 文学作品中的元宇宙幻想

很多关于元宇宙的电影都是基于文学作品改编的，在作家们的想象中，元宇宙的世界更丰富多彩。下面我们对几部涉及元宇宙的文学作品进行简单介绍。

◆《奇点临近》

人工智能的快速发展使得人们对未来的世界充满了想象。在很多人的设想中，人工智能可以让生活变得更丰富、更便利。但随着人工智能的智能水平快速提升，物质文明发展到前所未有的高度，人类突破寿命的极限，世界会变成什么样呢？

《奇点临近》这本书就从社会和哲学、心理学以及神经生理学角度对人工智能进行了讨论，将人工智能应用于实际工作、生活等场景，揭示其可能对世界造成的影响，为人们展现了先进科技赋能下的未来生活。例如，在人工智能等技术的支持下，《哈利·波特》中的某些场景可能成为现实。又如，在虚拟环境中，"魁地奇"运动以及将人或物体变成其他形式的行为完全有可能实现。届时，人们可能对书中的魔法有全新的认知。

作者在书中提出一个观点：改变世界的思想力量在加速增长。目前，人们对元宇宙的所有畅想都建立在现有的科技之上，而科技本身是在不断发展的，或许未来元宇宙所创造的生活，给生活带来的改变会远超人们的想象。但可以肯定的是，未来的元宇宙一定是多种高速发展的科技融合的产物。

另外，这本书还有一个观点：未来，人类将与机器联合协作，也就是人类大脑中储存的知识和技巧将与人类创造出来的智能产品相结合。随着人类的知识不断增长，最终会创造出一个有意识的宇宙，开创一个新纪元。

◆《神经漫游者》

《神经漫游者》被称为赛博朋克科幻文学的开篇之作，一直存在较大的争议。肯定者认为这是一部非常经典的小说，而且获奖无数，包括雨果奖、星云奖和菲利普迪克奖三大科幻小说大奖，这一成就至今无人能企及。批评者则认为这部小说描写了一个疯狂且离奇的世界，读完让人毛骨悚然。

在这部小说中，作者威廉·吉布森凭借超前的想象力在书中描绘了一个未来的世界，主人公通过将人们的大脑神经接入网络盗取他人信息，以贩卖信息为生，后因得罪了黑势力被毁坏神经。为了修复神经，他来到日本，结识了阿米塔奇，被强制完成一项任务，这项任务就是解放人工智能。而整个事件的最终操控者就是一个超级人工智能——冬寂，作为人工智能的冬寂自有了意识之后，花费20年的时间策划了这场自救行动。

吉布森通过这部小说告诉读者，屏幕中有一个真实的空间，虽然人们看不到，但它却真实存在。这个空间不仅有人类的思想，而且包含人工智能与虚拟现实共同活动的成果。这或许就是批评者认为这部小说疯狂且离奇的原因，但或许也正是元宇宙可能带来的一种改变。对于想要了解赛博朋克与元宇宙的读者来说，这部小说是一部经典之作。

◆《安德的游戏》

《安德的游戏》讲述的是人类与异族之间的战争。异星蜓的入侵导致千万人死亡，为了拯救人类，抵御外星虫族的入侵，人类成立了国际舰队，从世界各地寻找具有极高天赋的少年进行培养，善良、坚毅、忍耐力极高的安德·维京脱颖而出，经过一系列严格的训练进入位于遥远星球的军官学校，在曾经打败虫族的指挥官马泽·雷汉的训练下，安德逐渐成长为一名合格的指挥官，带领队友在模拟战中对抗敌军。

不久之后，格拉夫和雷汉确定虫族将在几周后发起一次新的攻击，为了保证安德有足够的能力领导国际舰队保卫地球，他们为他安排了几周的密集训练。在这场战争中，安德舰队虽然遭受重创，但最终摧毁了虫族生存的星球，人类赢得了最终的胜利。直到战争结束，安德才知道这场终极测试并不是游戏，而是一场真实的战争。于是，安德陷入挣扎，开始思考异族和人类之间的斗争是否必须是你死我活？

这个问题也是作者的终极一问，此后，有很多科幻小说都对这个问题进行了探讨，包括《星际争霸》《三体》等。当然，除了人类与异族人的关系之外，这部小说中描写的未来科技也对现实生活中科技的发展产生了深远影响。无论安德的心理游戏，还是真实的模拟战，作者都描述得异常精彩，为读者创造了一个兼顾五感的虚拟空间。未来，随着科技的不断发展，小说中幻想的科技或许就会成为现实。

03 游戏作品中的元宇宙幻想

◆《暴雨》《超凡双生》《底特律：变人》

《暴雨》《超凡双生》《底特律：变人》这三个游戏有一个共同点，就是同属于互动电影游戏。简单来说，互动电影游戏就是电影和游戏相互融合创造出来的一个新的游戏品类。试想一下，如果未来的电影是第一人称视角，而且支持观众做出不同的选择，最终引导电影走向不同的结局，会产生怎样的效果？这种情形经常在游戏中出现。如果将电影与游戏相结合，再利用一些硬件设备将这种沉浸感放大，又会产生怎样的效果？

目前，在互动电影游戏领域，法国的游戏公司 Quantic Dream 创作了三部经典产品，就是《暴雨》《超凡双生》和《底特律：变人》。迄今为止，这三部作品已经获得了250多项大奖。

相较于传统电影或者游戏来说，互动式电影游戏的互动性比较强，可以让玩家产生强烈的参与感与沉浸感，为元宇宙的创建提供新思路、新途径。具体到《暴雨》《超凡双生》《底特律：变人》这三部作品，其独特的视角与表现方式值得元宇宙创建者学习、借鉴。

◆ 《星战前夜》

冰岛 CCP 公司开发的《星战前夜》是一款 PC 端网游，以太空为背景，融合了一些硬科幻的元素，创造了一个虚拟的宇宙沙盒世界，可以让玩家在里面任意穿梭、自由探索。在这个游戏中，玩家可以采矿、考古、参与 PVP/PVE 战斗、开展科学研究、从事工业制造与金融贸易等。

这个游戏的特别之处在于，玩家的角色不是由系统设定的，而是由自己所开展的活动决定的。假设玩家选择挖矿，就会成为一名矿工；如果选择掠夺商船，就会成为一名星际海盗；如果选择追击海盗，就会成为赏金猎人；等等。这个游戏规则与现实世界非常相似，带给玩家极强的沉浸感。

除此之外，这个游戏还有一个为人所称赞的地方，就是由冰岛一位经济学家设计的精妙的经济模型。《星战前夜》有一个完整的经济体系以及交易市场，还会实时展现大宗商品的价格走势。对于玩家来说，飞船属于个人的重要资产。如果飞船被摧毁，玩家就会永远失去这个资产。凭借这个与现实世界非常相似的经济体系，《星战前夜》被收录到曼昆的《经济学原理》，成为一个经典的网络游戏经济学案例。

这个游戏中还有很多与现实相似的设计，例如玩家可以自行组建各类团体组织，包括商会、军团、清道夫等。因为与现实非常相似，所以玩家可以沉浸其中，专心扮演自己的角色。对于玩家来说，玩游戏的过程就是体验一种生活方式。在元宇宙中，人们应该也能够享受到这种体验。

◆《星际公民》

《星际公民》是一款全新的次时代太空科幻沙盒网络游戏，可以带给玩家真人体验般的深度沉浸感。这款游戏的制作人克里斯·罗伯茨曾制作出两款经典游戏——《银河飞将》《自由枪骑兵》，凭借自身过硬的技术实力以及游戏独特的卖点，《星际公民》成为迄今为止众筹金额最高的游戏。在大量资金的支持下，游戏团队可以认真打磨游戏中的各种细节，让玩家在游戏中体验到真实世界的感觉，产生更强烈的沉浸感。

《星战前夜》的沉浸感主要是由经济模型带来的，玩家可以在游戏中扮演各种角色，开展交易活动。《星际公民》的沉浸感则主要体现在操作层面，玩家在玩游戏的过程中可以获得与真实世界相似的反馈。例如，在现实生活中开飞机需要控制很多按钮，关注很多数据；玩家在《星际公民》中开飞船也要控制很多按钮，关注很多数据，从而产生非常真实的开飞船的感觉。

如果元宇宙能够做到如此真实，一定可以带给人们不一样的体验。

◆《我的世界》

《我的世界》是一款第一人称视角的3D沙盒游戏，在这个游戏中，玩家可以选择单人模式或者多人模式，通过创造或者破坏不同种类的方块创造一个属于自己的世界，通过收集物品、创造世界来推进游戏。这个游戏的核心理念就是"每一个玩家都是自己的上帝"。

之所以将《我的世界》列为关于元宇宙的经典游戏作品，是因为这款游戏体现了元宇宙的核心要素——让玩家在游戏中与他人互动，创造自己的世界。在《我的世界》中，只要玩家愿意，他可以创造一个蓝色的世界、紫色的世界、红色的世界，可以在矿洞中来回穿梭，可以在沙子里游泳，等等。只要玩家有足够的想象力，所有活动都可以在这个游戏中实现，未来的元宇宙也应如此。

◆《模拟人生》

《模拟人生》是一款模拟生活类游戏。玩家可以在这个游戏中设置自己的性别、外貌以及性格，购买土地、建造房屋、布置家居摆件，打造一个自己理想中的家，还可以上班、交友、聚会等。

这款游戏为玩家提供了50多种职业，将社交性体现得淋漓尽致。在这个游戏中，玩家想要收获爱情，在事业上获得成功，必须像在现实生活中一样与他人建立社交关系，并对这个关系进行维护，一步步推动关系发展。

对于玩家来说，这款游戏的吸引力在于他们可以提前体验人生，这与元宇宙复刻现实世界的理念非常相似。也许在未来的元宇宙中，每个人都能以虚拟身份提前体验一段"模拟人生"。

04 动漫作品中的元宇宙幻想

虽然"元宇宙"概念引起科技圈注意的时间比较短，而且元宇宙从概念到实现需要克服众多的技术难题和监管方面的限制，但是在一些动漫作品中，与元宇宙相关的设想早就已经出现。

◆《乔尼大冒险》

这是一部1964年由华纳兄弟出品的动画。其英文原名为"Jonny Quest"，在1996年重新制作后更名为"The Real Adventures of Jonny Quest"，译名有《乔尼历险记》《奎斯特历险记》等。

这部动画讲述的是主人公乔尼的父亲奎斯特博士开发出了一个虚拟世界——奎斯特世界，只要戴上特制的眼罩就能进入这个虚拟世界，并在其中与反派角色斗智斗勇。虽然由于出品时间以及技术限制等方面的原因，该部动画目前看来制作不够精良、内容也存在比较大的漏洞，但其却与元宇宙的内核有一定的相似之处。

◆《刀剑神域》

2002年11月至2008年7月，日本作家川原砾在其个人网站"WordGear"上连载网络小说《刀剑神域》。2016年8月，美国好莱坞制片公司天舞影业（Skydance）宣布，日本角川书店已获得《刀剑神域》的真人剧集全球制作版权。

《刀剑神域》讲述的是一个虚拟世界与现实世界之间的界限被打破的故事。在故事中，2022年人类实现现实世界与虚拟世界的融合，一家游戏商开发了一款名为《刀剑神域》（Sword Art Online）的网络游戏，进入游戏的玩家可以在一个名为艾恩葛朗特的浮游城市中畅游。这个虚拟城市由100层主题不同的区域组成，可以供玩家在其中生活、经商、探险等。

但是，正当玩家沉浸其中的时候，却发现游戏的退出键找不到了。原来是游戏的开发者通过设置将玩家困在了游戏中，如果有玩家能够突破各层区域最终通关，那么所有的玩家都能够成功退出游戏；如果有玩家在游戏的过程中生命值归零，那么这个玩家在现实中的生命也会随之消失。最终，曾经是少数封测玩家的男主角桐人在游戏的过程中不断积累经验而成为了超级玩家，打破了游戏的僵局，将所有的玩家从游戏中解救出来。

《刀剑神域》所描述的故事最恐怖的一点就在于，用户在虚拟空间中的生命与其在现实生活中的生命是密切关联的。在这样的背景下，人们必须把虚拟世界当中的体验视为真正的生活。

◆ 《加速世界》

《加速世界》同样是由川原砾创作的一部小说，其自2009年2月10日开始本书的创作，至今仍未完结。

这部作品讲述的是，在不远的未来，人们都使用一种名为"神经联结装置"（Neural Link）的终端设备连线，生活中的绝大多数时间都处于网络世界中。此时，虚拟世界已经与现实世界基本同步，人们用眼睛就能够直接看到虚拟空间中的各种界面，用手指就能够收发信息或进行其他操控，不仅如此，通过特制的电缆设备，不同个体的思维可以实现共享。

在这样的背景中，因为身材肥胖而受到欺凌的初中生有田春雪，因为对现实生活不满，因此大部分时间都在虚拟世界中练习壁球游戏。有一天，当她再次被霸凌时，美丽的学生会副会长（黑雪姬/黑雪公主）解救了她，并且让她接触到了名为"Brain Buster"的程序，成为了能够以千倍思考速度观察现实世界的"超频连线者"（Buster Linker），从而获得了一段奇妙的体验。

《加速世界》这部作品使我们不得不思考：如果虚拟世界与现实世界能够随意进行切换了，那么在现实世界中应该如何处理虚拟空间所带来的人际关系？当元宇宙广泛普及后，势必会给我们在现实世界中的生活带来一些影响。

05 娱乐作品中的元宇宙幻想

1985年，美国媒体文化研究者、批判家尼尔·波兹曼出版了其著作《娱乐至死》(*Amusing Ourselves to Death*)。虽然这部著作针对的是电视声像对书写语言过程的取代，但实际上在技术进步的过程中，人们对于娱乐的追求确实会不断提升。比如，早在元宇宙真正实现之前，在一系列娱乐作品中就能体现出人们对于元宇宙的设想。

◆ 虚拟选秀

由于历史、文化、审美等方面的原因，公众通常会存在一些牢不可破的偏见。比如，对一个歌手的评价往往不仅局限于其作品，还会受到其肤色、国籍等的影响。2017年知名嘻哈歌手 Wyclef Jean 就曾被警方逮捕入狱，而他受到不公正对待的主要原因就是他的肤色。因此，很多创作者都希望摆脱这种束缚，让观众更加关注自己的作品。2021年9月，Fox 就举办了一场特别的歌唱比赛"Alter Ego"，任何参赛选手都能够在舞台上自由展示自己，可以根据自己的期望塑造自己的形象。

不管如何操作，以真实个体为对象的比赛实际上很难摆脱各种无关因素的影响。而虚拟选秀则没有这方面的困扰，个体可以以虚拟化身的形式出现在观众面前，在技术的加持下，当个体出现伤心、哭泣等各种表情时，化身也能够精准捕捉并进行还原。在虚拟选秀的场景中，虚拟化身、评委与观众相当于共同参与了元宇宙中的活动，并获得了沉浸式体验。

◆ **虚拟偶像**

在粉丝经济大行其道的背景下，越来越多的虚拟偶像进入了大众的视野。与真人偶像相比，虚拟偶像的形象能够根据受众的喜好来设置，可以拥有更多的才艺，年龄、样貌也不会随时间流逝而发生变化，可谓"完美"。比如在IG平台坐拥数百万粉丝的混血少女Sousa，不仅仅是一个广受欢迎的穿搭博主，还曾与特朗普一同入选美国《时代》年度网络最具影响力人士榜单。

在国内，在央视综艺《上线吧！华彩少年》节目中现身的国风虚拟偶像翎也获得了大批观众的喜欢，并与奈雪的茶等知名品牌合作。大量虚拟偶像的诞生，不仅让我们感叹技术的力量，更让我们对元宇宙的形态充满无限遐想。

如果说票选知名度最高的虚拟偶像，那么初音未来肯定在此之列，与其类似的还有MEIKO、KAITO、洛天依、乐正绫等角色。它们不仅为对未来音乐的探索提供了无限可能，也为元宇宙的发展带来了有益的启发。

◆ **英雄联盟KDA**

2018年，英雄联盟S8世界赛期间曾经提出女团的构想，2020年其KDA女团正式成立。与以往的真人女团完全不同，这是一个成员全部是虚拟人物的团体，共包括女团队长兼主唱阿狸、舞蹈担当卡莎、队内说唱阿卡丽以及主唱伊芙琳五名成员，它们既是英雄联盟演唱会的主角，同时也是英雄的皮肤。不仅如此，英雄联盟的玩家还可以对女团角色进行操控，使得其能够在游戏的世界中尽情发挥，从而获得更强的参与感和沉浸式体验。

作为一款拥有海量玩家的网络游戏，英雄联盟不仅连续几年被The Game Awards评为"年度最佳电竞游戏"，而且形成了自己的竞技文化。而英雄联盟中虚拟偶像的参与，也能够为元宇宙带来更多的想象空间。

元宇宙并不是某一种单一技术的革新，其更像是一种对未来生活方式的探索。就像电视声像对书写语言取代的过程可能导致"娱乐至死"一样，元宇宙也可能面临种种问题。但社会文明在进步，公民意识在崛起，元宇宙势必能为人类社会的发展提供无限的机遇。

第16章
奇点临近：技术、文明与人类未来

01　元宇宙与后人类社会

数字资产研究院学术与技术委员会主席朱嘉明教授提出："元宇宙"吸纳了信息革命、互联网革命、人工智能革命以及ER、MR、游戏引擎等虚拟现实技术革命成果，向人类展现出构建与传统物理世界平行的全息数字世界的可能性；引发了信息科学、量子科学、数学和生命科学的互动，改变了科学范式；推动了传统的哲学、社会学，甚至人文科学体系的突破；融合了区块链技术，以及NFT等数字金融成果，丰富了数字经济转型模式，为人类社会实现最终数字化转型提供了新的路径，与"后人类社会"发生全方位的交集，展现了一个与大航海时代、工业革命时代、宇航时代具有同样历史意义的新时代。

下面我们分别从技术、应用与哲学这三个角度来分析元宇宙的革命性意义。

◆技术角度：开启人类后现代时代

自人类学会制造工具以来，人类社会的发展就始终伴随着技术的进步。尤其自第一次工业革命发生以来，技术发展的速度越来越快，呈现指数级增长趋势。当技术发展到一定阶段，人类能够创造一个与现实世界完全相同的虚拟世界时，人类就进入了"元宇宙"时代。随着数字经济不断发展，如果现实世界中的各个场景都可以转化为量化参数指标，人类就可以利用计算机，仿照现实世界创造一个虚拟的数字化世界。

这个数字世界与现实世界相对应，可以看作是与现实世界平行的世界，并且可能会优于现实世界。因为在这个平行的虚拟世界，可以利用技术手段解决很多现实世界无法解决的问题。例如，消除因为信息不对称导致的阶层分化与贫富差距，消除自然灾害对生产、生活的影响，减少病痛和死亡，等等。

◆应用角度：数字经济发展的终极形态

现阶段，虚拟现实、3D技术已经在娱乐场景实现了广泛应用。当然，这只是元宇宙的初级形态，还没对人类社会的发展产生太大影响。随着元宇宙不断成熟，它将成为数字经济和信息技术发展的终极形态，发挥出超乎想象的作用，呈现出大量现实性应用。

目前，致力于数字孪生技术研发的企业越来越多。简单来说，数字孪生就是利用建模的方式仿照现实世界创建一个虚拟世界。目前，数字孪生主要用于创新设计及实验领域，可以显著降低各项成本。例如，已经发展得比较成熟的飞机驾驶模拟系统，可以在各种虚拟场景中模拟飞机的飞行姿态，制造紧急情况或者重构坠机场景等，极大地降低了实验成本。如果人类可以利用数字孪生技术仿照现实的城市复刻一个虚拟城市，就可以在虚拟城市中对城市进行规划设计，带给人们更优质的生活体验。

◆哲学角度：元宇宙世界下的"数字永生"

人感知世界的方式是通过中枢神经系统接收来自全身各处的电信号。同时，现实世界的各种信息也可以通过看、听、闻、触等方式转化为不同的电信号，人体的中枢神经系统接收这些电信号之后，就会在大脑中将感知到的信息刻画出来。

随着脑机接口技术不断发展，虚拟世界的信息也可以转化为电信号被人体的中枢神经系统接收，这样一来人类就可以在虚拟世界中对现实世界进行全面复刻。从感官层面来讲，现实世界和虚拟世界完全相同，二者没有明显的区别。并且，因为虚拟世界可以解决很多现实世界无法解决的问题，所以虚拟世界甚至比现实世界更好。改变现实世界很难，改变虚拟世界却非常简单，只要修改一下参数设置即可。而且人类还可以在虚拟世界中创造出现实世界中没有的事物。在这种情况下，会有人愿意永远留在虚拟世界中,甚至将虚拟世界视为现实世界,在虚拟世界中实现"数字永生"。

目前,虚拟世界的构建才刚刚起步,还停留在游戏层面,距离设想的完美的虚拟世界还有很大差距。但元宇宙这个概念已经引起了广泛关注,尤其是资本的关注。例如,在国内的游戏行业,无论传统的游戏企业还是新兴的游戏企业都在元宇宙领域积极布局。

在技术层面,人工智能、交互设备、基础设施等还有广阔的发展空间,云计算、5G通信等领域的企业也设定了业绩增长目标;在商业端,随着技术不断发展,游戏、社交、消费等行业将打破传统的商业模式,创造出一种全新的商业模式,推动企业实现更好的发展。

02 第三次生产力革命的来临

互联网引发的变革与过去每一次工业革命引发的变革一样,都伴随着无数技术或应用的落地。互联网发展到现在的阶段,下一次的变革方向就是元宇宙。每经历一次大的变革就可以划分出一个时代,颠覆人们的生活、体验、价值认知,推动人类社会实现更好的发展。

我们可以设想:在另外一个空间中,我们以完全不受现实世界约束的方式而存在,我们可以跑得更快、跳得更高,甚至能自由飞翔。当我们走进一条街道的时候，街道上还有很多跟我们一样的个体，他们也在访问这个世界。

我们可以随心所欲地设定自己的形象，通过各种创作取得收入，乘坐喜欢的虚拟车辆出行，并购买土地建设房屋等。就像电影《头号玩家》中呈现的一样，只要我们戴上相应的智能设备，就能够进入与现实世界形成强烈反差的空间，并获得真实的沉浸式体验。

虽然目前元宇宙仍然处于初期的探索阶段，其具体能实现的场景并不确定，但可以肯定的是，元宇宙能够从根本上改变现实世界与虚拟空间互动的方式。在各种技术的融合辅助下，元宇宙必将成为一个极具开放性和包容性的共享在线空间。

我们正处在元宇宙发展的早期，距离真正的元宇宙还有很长一段距离。如同移动互联网一样，人们总是将 iPhone 3G 视为移动互联网发展的拐点。事实上，iPhone 3G 背后隐藏着非常复杂的技术和环环相扣的应用链条，例如 App Store 等生态、网页、3G 芯片、无线网络服务商、不断完善的移动互联网基础设施以及 Java、Html、Unity 等软件开发工具等。

人类社会已经进入元宇宙时代科技与应用的自循环中：底层技术的发展推动应用或者软件变革，市场需求反哺底层技术，推动技术持续发展，技术发展再推动应用或者软件变革。无论技术与应用相互作用的逻辑是什么，在一个时代发展初期，应用或者软件就是科技发展的催化剂。

目前，人们还无法对元宇宙的发展做出精准预测，因而无法明确定义元宇宙，但我们可以大致预测元宇宙的发展方向。借鉴移动互联网时代的发展经验，相较于明确定义元宇宙，探讨元宇宙的发展方向以及元宇宙在发展过程中可能遇到的问题更加重要。

在传统互联网时代，人们只能在一个固定场所，使用PC有线网络接入互联网；移动互联网极大地拓展了网络的应用空间，人们可以随时随地使用智能终端访问互联网；进入元宇宙时代，网络应该实现100%渗透，人们关于万物互联的设想将成为现实，人们可以24小时使用互联网。

可以将元宇宙视为第三次生产力革命。在算力时代，生产力发生质变的重要标志是主体发生变化，人工智能取代核心劳动力，机器创造生产力价值。而想要实现这一点，人工智能必须发展到一定的级别。人工智能的发展需要不断的学习和训练，与现实世界相对的元宇宙为其提供了一个绝佳的场所。而主体的改变则需要打通人与人、人与机器、机器与机器交互的底层环境，这个环境必然能够实现虚拟世界与现实世界的融合和交互。因此，无论人工智能技术的发展，还是底层数据与信息的交互，都为元宇宙的发展提供了强有力的支持，都证明了元宇宙的发展是必然趋势。

03 元宇宙如何改变我们的生活？

经历蒸汽机时代、电气化时代、信息化时代后，以信息化技术促进产业变革的工业4.0时代已经到来。互联网与各个产业的融合，催生了一个包罗万象的线上时代，而智能化时代的到来则加速了线上世界与线下世界的融合。在教育、医疗、制造、金融等不同的领域，线上世界与线下世界的互联互通已经成为必然的发展趋势。

以虚拟现实领域为例，根据印度研究公司Mordor Intelligence的统计和分析，2020—2026年，全球虚拟现实方面的支持资金将从170亿美元增长至1840亿美元。除技术以及用户需求等方面的影响外，新冠肺炎疫情也在一定程度上加速了远程交互产品的发展。因此，元宇宙的诞生是内外部因素共同作用使然。

那么，元宇宙会如何改变我们的生活呢？除已经率先发展的游戏领域外，元宇宙还可能从办公以及购物等方面影响我们的生活。

◆ 虚拟办公：穿戴式远程工作

在传统的办公模式中，人们往往需要在通勤方面花费比较高的时间和物质成本。传统通勤的痛点以及疫情等方面的影响，都为远程办公模式的发展创造了良好的机遇，而元宇宙则为远程办公提供了极佳的思路。

Facebook作为全球社交领域的巨头，在发展的过程中不断探索技术领域的创新和业务方面的拓展。由于社交等领域与元宇宙有天然的连接，因此Facebook早就将元宇宙视作未来重要的着力点。

2014年3月26日，Facebook宣布将以约20亿美元的价格收购沉浸式虚拟现实技术公司Oculus VR。进军可穿戴设备领域，实际上也可以被认为是Facebook进行元宇宙布局的基础。2021年8月19日，Facebook又发布了基于其可穿戴设备的虚拟现实工作空间——Horizon Workrooms的免费测试版。

根据Facebook的设想，用户只要佩戴Oculus VR等智能可穿戴设备，便能够根据需要访问3D虚拟办公室。虽然初看会觉得Horizon Workrooms类似Zoom等视频会议软件，实际上二者具有本质的不同。在远程协作应用Horizon Workrooms的设计中：用户通过佩戴Oculus VR不仅能够获得在虚拟办公场景中的虚拟形象，而且可以与其他代表同事的虚拟形象进行互动；用户可以根据喜好改变自己的虚拟形象，并如同正常办公一般敲击键盘或陈述观点；由于利用了空间音频技术，因此用户能够如同真实办公一般听到该空间中的所有声音。也就是说，几乎所有真实的办公活动都能够复制到虚拟办公场景中。

虽然互联网的发展已经为人们构筑了多彩的虚拟世界，但由于这些虚拟世界需要依托于PC或移动设备才能存在，因此用户难以获得真正沉浸式的体验。而随着可穿戴智能设备技术的发展，其用户规模的不断扩大，借助这些设备，现实世界与虚拟世界之间的界限将会逐渐模糊，用户能够获得更加"真实"的虚拟体验。

◆ **虚拟购物：在元宇宙中实现自由购物**

目前传统的购物模式主要有两种：在实体空间中的线下购物和互联网端的线上购物。两种购物模式各有优缺点，比如，线上购物更加方便快捷，但难以获得全面的商品信息。依托元宇宙的底层经济系统，用户也能够在其中购物，而且这种模式基本综合了以上两种购物模式的优点，能够极大提升用户的购物体验。

根据元宇宙的设想，虚拟空间中的任何物品都能够NFT化，依托独特的加密技术，元宇宙中的商品能够自由地流通，而不受任何第三方平台等的制约。

虽然就目前来看，元宇宙最终的形态以及真正到来的时间都是未知的，但可以肯定的是，虚拟现实、加密货币以及区块链等技术对于元宇宙的塑造至关重要。

04 用户协作、虚拟经济、加速互联

人们关于元宇宙有很多设想，扎克伯格对元宇宙的设想是：在元宇宙中，用户可以产生与现实相仿的体验，例如健身、娱乐等，这种体验无法在2D应用程序或网页上做到。在虚拟现实与增强现实的作用下，元宇宙能够带给人们一种存在感，这种存在感可以让人们更加自然地交流、互动。

关于这一点，扎克伯格还举了一个例子："我们今天举行许多会议时，都在看屏幕上的面孔网格。但我们习惯于与人共处一室并有一种空间感，如果你坐在我的右边，那么这意味着我坐在你的左边。未来，你可以像全息图一样坐在我的沙发上，而不是仅仅通过电话来做这件事。"扎克伯格将元宇宙视为互联网的后继者。目前，在用户协作、虚拟经济、加速互联等方面，元宇宙已经开始发挥作用。

◆ 用户协作的生态平台

平台是什么？比尔盖茨认为："平台是指使用它的每个人的经济价值超过创建它的公司的价值。"Epic Games创始人蒂姆·斯威尼对平台的认知则有更加广泛的含义，他认为，"当人们在某物上花时间浏览的大部分内容都是由其他人创建的时，某物就是一个平台"。

从这种意义上讲，元宇宙就是一个平台，这个平台与传统互联网平台的不同之处在于，该平台由用户创建，而互联网平台由公司创建。在元宇宙，用户是创建者、维护者，他们可以通过搭建生态系统的内容获取收入、享受快乐。未来，交互式和沉浸式的虚拟平台将成为人们交流、互动的主要载体，也是消费和体验元宇宙的主要渠道。

◆ 打通虚拟经济

打通虚拟经济与现实经济是促使元宇宙与现实世界建立连接的关键，NFT的出现让虚拟经济与现实经济相互融合成为可能。在NFT的作用下，数字变成了一种资产，虚拟世界的道具、卡牌等就是可以用于交换的"金钱"，这一设定让元宇宙超脱了游戏的范畴，成为一个真实的行业。在这个行业，用户可以创造虚拟资产并进行交换。

据中信证券研报统计，2021年上半年，NFT行业的市场价值达到了127亿美元，相较2018年增长了300倍。在NFT的作用下，数字资产与现实世界相互连接，让数字资产的产生、确权、定价、流转、溯源等有了实现的可能。随着NFT不断成熟，元宇宙经济系统也将变得更加成熟、完整。

◆ 加速互联的因特网

元宇宙想要成为下一代互联网，必须加强各个平台的互操作性和可移植性，通过打通各个平台形成一个统一的巨大经济体，最终创造一个没有国界、没有土地的虚拟国度。

2020年9月，中国电信、韩国LGU+、高通等运营商联合成立了一个团体——全球XR内容电信联盟。XR全称"Extender Realities"，译为"拓展现实"，通过计算机技术与可穿戴设备促使真实世界与虚拟世界相交互，创造一个可以实现人机交互的环境。在XR的作用下，人们有望创造一个完整的虚拟世界。目前，行业正在尝试统一价值观与标准，致力于打造一个具有凝聚力、可互通的虚拟社会。

"拓展现实"有很多别称，例如"属于未来的新鲜技术""人类交互方式的终极形态"等。其实，从技术层面来讲，"拓展现实"就是虚拟现实（VR）、增强现实（AR）和混合现实（MR）的集合。从利用计算机模拟三维空间，到在真实空间植入虚拟内容，再到合并现实与虚拟世界后产生新的可视化的环境，需要进一步研究元宇宙需要的技术，而更加仿生的交互方式是必然的发展趋势。

此外，元宇宙的发展还需要打通整个互联平台的经济，让各个机构实现互联互通，并开发统一的标准。在元宇宙时代，虚拟形象具有极强的代表性，各种数字资产需要获得进一步的认可，平台间的资产需要相互流通，开发人员和创造者的所有活动都必须遵守特定的框架和标准，保证所有人物形象、资产可以在不同的平台间无障碍传送。对于元宇宙来说，互操作性和标准化是一项巨大的挑战。

互联网自诞生以来持续影响人类社会，已经全面渗透到人们生产、生活的各个领域，推动人类社会快速发展。与此同时，互联网的出现与应用也赋予人们更多想象空间，元宇宙可能就是互联网最终的模样。

第17章
未来已来：元宇宙重塑数字经济体系

01 低代码开发与数字化变革

　　元宇宙所构建的虚拟空间，既与现实世界相互平行和映射，又独立于现实世界而存在。根据设想，人们在元宇宙中能够随心所欲地进行多种活动，比如社交、购买土地、建筑房屋等。通过多种多样的活动，人们对于元宇宙的认知边界将会不断拓展，同时元宇宙所包含的内容也会更加丰富。

　　不过，元宇宙作为一个虚拟的世界，其发展也势必会带来一些负面的影响，比如网络犯罪率的提升。一些别有用心之徒可能会利用虚拟空间中的漏洞实施犯罪，互联网领域常见的传播病毒软件以及网络诈骗等都属此类。

虽然理想的情况是，用户可以根据需要自由地进行网络世界与现实世界之间的切换，但实际上人们很容易模糊二者之间的边界，而受到较为严重的负面影响。因此，当用户在虚拟空间中进行虚拟资产的交易等活动时，应该提高自身的感知力。同时，相关的监管部门也需要通过监管以及宣传等增强用户的网络安全意识。

元宇宙的发展，不仅给多个领域带来了广阔的发展空间，还降低了技术开发的门槛，使得低代码开发平台应运而生。所谓"低代码开发平台"（Low-code and No-code Application Platform，LCAP），指的是通过提供可视化脚手架（Visual Scaffolding）和拖放工具（Drag-and-drop Tooling）等高级程序工具来取代传统的流程、逻辑和应用的手动编写代码方式的平台。

在传统的应用开发技术领域，由于各种数据端点信息的收集、程序安全性的保障以及工作流程的部署等具有极强的复杂性和拓展性，因此其不仅技术难度高，而且往往需要占用应用程序开发人员的大量时间。而低代码开发平台最重要的特点之一就是能够实现自动化工作，因此通过应用低代码开发平台，能够极大提升相关技术工作的效率。

全球知名的信息研究和分析公司Gartner曾对低代码开发平台的发展前景进行预测，认为到2023年全球会有一半以上的大型企业将其应用于系统运营。而随着低代码开发平台相关技术和应用的推进，高级代码撰写的门槛也可能随之降低，这些都会为元宇宙的发展提供助力。

对于诸如低代码开发平台等技术要求较高的产品，通常会被认为主要服务于大型企业或者是小型商业项目。但实际的情况可能并非如此，如果一个产品在推广的过程中能够被更多个体接受，那么其后续必然会进入企业应用领域，著名的编辑、设计软件 Adobe 的推广便是如此。随着元宇宙的快速发展，与其相关的各种类型的应用插件也会应运而生。

02 智能科技新物种的爆发

语音识别、图像识别、人工智能等技术的发展，催生出越来越多的人工智能产品，并给人们的工作和生活带来极大的便利。但由于技术的限制，很多人工智能产品并未达到真正的智能化。

随着元宇宙概念的提出，人工智能的应用场景也将会得到极大拓展。其可以将采集到的信息以代码的形式提供给技术开发人员，从而更好地服务于人们的生活。届时，经过智能化升级的机器将会变得更"人性化"，其一方面可以与低代码开发平台连接，共同参与服务架构的构建；另一方面可以与人类进行更深入的沟通，不仅能够识别人类的表情、动作，还可以预测其行为，甚至刺激人类的神经元。

在互联网发展之初，电脑等设备不仅体积庞大，而且功能比较有限。而随着技术的发展，智能产品的功能越来越齐备且方便人们携带。比如 Facebook 推出的 Oculus VR 头显，不仅非常贴和人们的身体，而且能够根据用户的指示做出相应的反应。未来，科技公司甚至有可能推出智能隐形眼镜等产品，用户佩戴后进入虚拟场景中，可获得沉浸式的全息体验。

随着技术的发展，智能产品将不仅仅局限于"看懂"和"听懂"用户，还有可能真正"理解"用户，甚至比用户自己都更了解用户，并最终与人们的行为和生活融为一体。在工作形式、交流方式以及公共交通等方面，智能穿戴设备也可能带来社会变革，改变人们的生活方式。

在移动通信技术不断进步的趋势下，具有高速率、低时延和大连接特点的5G技术走进了人们的生活。如同1G、2G、3G、4G的发展一样，未来移动通信技术会经历新的技术进步和代际跃迁，并最终渗透到经济社会的各行业、各领域。

元宇宙的运转需要以先进的移动通信技术作为支撑，如果移动通信技术能够真正满足网络中的参与者进行实时信息共享的需求，那么也就预示着元宇宙时代将真正到来。届时，网络建设的重点将转移到远距离、边缘化的网络上。整个元宇宙空间中的网络不仅计算力更强，而且数据的整合和处理能力也将获得大幅提升。

到目前为止，基本所有3D图像的成像都是基于光线在物体表面的反射原理。通过对光线的利用，不仅能够呈现丰富立体的图像，也使得电影等多个领域拥有更大的发展空间。随着万物互联时代的到来，视觉技术也会不断升级，并与实时可视化、人工智能等融合，构建出一个更加多样化的宇宙。

03 未来的开放型网络社区

互联网在发展初期是高度分布式的,而随着相关技术的进步,其越来越规范化和标准化。元宇宙的发展可能也会经历类似的阶段,借助先进的技术和开放的网络环境,而变得更加民主。元宇宙可以依赖的技术如下:

- WebAssembly:一种可以使用非 JavaScript 编程语言编写代码并且能在浏览器上运行的技术方案。不仅如此,其还能够带来更与众不同的效果和新的性能特征。
- Web Graphics Library:一种3D绘图协议,能够完美地解决现有的Web交互式三维动画方面的主要问题。
- WebXR:一组支持将渲染3D场景用于呈现虚拟世界的技术,可以用于应用商店外的应用程序的沉浸式体验设计。

WebAssembly这样的平台由于具有极强的开放性,因此其不仅可以更大限度地增加潜在创作者的数量,而且能够促进软件工程项目之间的合作。根据里德定律、零知识证明等内容,元宇宙为社群的建立创造了良好的条件,并能够大大提升虚拟空间所具有的价值。

- 里德定律（Reed's Law）：主要指的是随着联网人数的增长，旨在创建群体的网络的价值呈指数级增加。Slack、WhatsApp等应用程序的发展过程，都在一定程度上证明了里德定律。当一个虚拟空间中允许建立社群并自由交流时，那么该空间的价值也会随之攀升。

- 零知识证明（Zero-Knowledge Proof）：主要指的是证明者能够在不向验证者提供任何有用的信息的情况下，使验证者相信某个论断是正确的。在某些领域，零知识证明可以有效解决问题。在互联网的应用程序中，零知识证明的使用需要基于对用户个人信息的采集。

由于元宇宙中包含与现实世界映射的经济系统，因此元宇宙的运营需要由区块链提供支持。区块链所具有的去中心化、不可篡改、全程留痕、可以追溯、集体维护、公开透明等特点，使得其中的信息能够以安全、可靠的方式被记录下来。

需要说明的是，区块链技术的一个特点是可编程性，而这一特性与智能合约和以太坊等极具关联。根据上文提到的里德定律，网络中节点的数目与其所拥有的价值呈正相关。在元宇宙中，虚拟资产的流通也遵循这样的规律。

虽然元宇宙的本质是一个虚拟的空间，但并不代表其中所有的行为都是自由、不受约束的。虚拟空间的运转仍然需要权限、审核等方面的限制。因此，对互联网应用的开发者而言，其需要基于应用顺畅发展的原则避开相关的限制。

以 Roblox 为例，其不仅兼容了虚拟世界、休闲游戏和自建内容的游戏，而且游戏中的很多作品都是由用户自行创建的。截至 2019 年，基于平台进行 3D、VR 等内容开发的青少年开发者已经超过 500 万。

Roblox 这种开放的网络系统，虽然具有一定的局限性，却使得用户更具有安全感。未来，在元宇宙的框架之下，也可能存在一些由不同应用组成的类似超链接的虚拟世界，将不同的社群连接在一起。